EL TESORO ESCONDIDO, DESCÚBRELO EN TU TEMPERAMENTO

P. Lorenzo Gómez Sotres, L.C.

HOMBRENUEVO

[handwritten] Tracy Police 209 831-4550 209 835-8920

Hombre Nuevo, Inc.
12036 Ramona Blvd.
El Monte, CA 91732, USA
1 800-777-4547
WWW.GUADALUPERADIO.COM
Contacto: hnproductions@guadaluperadio.com

ISBN: 978-1-938940-54-5
Printed in Los Ángeles, CA. USA 2016.

PRÓLOGO

En los dibujos animados, los animales hablan, piensan y actúan con la personalidad que el caricaturista les da, inspirado por el comportamiento de cada animal.

Por ejemplo: el tiburón terrible, agresivo y peligroso como una tempestad en el mar. El tiburón y el mar los vemos serenos y tranquilos, pero de repente atacan; siempre están en movimiento y acecho. La golondrina, no es así, ella prefiere confundirse con el viento veloz e independiente. La golondrina se adapta, viajando al calor del Sur o del Norte; sin molestar, trabajando en lo suyo. El elefante es pesado, lento y grande; tiene la misma pasividad y quietud de las grandes moles de montañas fijas y estáticas. En cambio la mariposa es como el fuego: siempre vivaz, saltarina y con una vida llena de color; nunca fija sino paseándose por todas las flores. Es como si cada elemento y cada clase de animal tuviera un temperamento.

Nadie nos enseña cómo tratar al león, pero un sentido interno escondido: la "aestimativa" (o "cogitativa") nos avisa no acariciarlo. A las personas las tratamos según nos inspira ese mismo instinto. Recuerda todas las ocasiones que primero observas, inconscientemente, la conducta de los demás y los juzgas; en un segundo momento, instintivamente, haces una reflexión rápida, y tratas a cada uno según su manera de ser. Sucede, sobre todo con las personas de casa a quienes conoces mejor. Los padres de familia saben que cada hijo es diferente, y a cada uno educan como lo consideran más eficaz. Este libro te ayudará para que estas observaciones espontáneas, que sin querer te ayudan a relacionarte con los demás, te sean mucho más objetivas y precisas.

Las personas no son animales, y los animales no pueden conocerse a sí mismos. Los hombres sí se conocen a sí mismos, y hay una necesidad de conocernos y conocer las diferencias de nuestros temperamentos. Los novios, aunque se amen mucho, por prudencia no confían plenamente en la pasión del amor, por eso pasan años tratando de conocerse antes de tomar la decisión seria de casarse para vivir el resto de su vida juntos.

El libro del Génesis nos dice que el último día Dios creó a los Primeros Padres: Adán y Eva. Creo sucesivamente, con la ayuda de los padres que dan el cuerpo, a muchos hombres inteligentes y libres, pero cada persona la hizo diferente. Aunque hay, por ejemplo, muchos hombres gordos, cada gordo es único; hay flacos, muchos flacos distintos; hay personas altas y bajas, pero cada uno perfecto en lo que lo hace ser hombre o mujer y cada uno irrepetible, porque Dios no se puede repetir, de lo contrario no sería Dios. ¿Cómo eres tú?

Dividir al hombre en grupos es fácil, porque las diferencias externas son clarividentes, lo vemos en su sexo, color o raza; pero hacer una clasificación por la personalidad resulta difícil. Pregúntate: "¿Cuál es mi personalidad?"

La información que te presento en este libro es como un "espejo" para que te veas y te reconozcas a través de tu temperamento, tal como te hizo Dios. ¡Mírate bien! Y no olvides como eres. También es una "radiografía" de los que conviven contigo en casa, en el trabajo o en la escuela; cuando los veas, los reconocerás con un cierto temperamento, y te ayudará a entenderlos, aceptarlos, y saber mejor por qué deciden, obran y hablan como lo hacen. ¡Conocerte y conocer a los que te rodean es un apoyo a la caridad!

jessi 408-642 8824

Domina bien el contenido de las páginas siguientes, y no te sorprenderás de las reacciones personales o las de otros. Somos muy diferentes y al mismo tiempo con profundas similitudes. Lo importante es apoyar tus buenos deseos de caridad y convivencia pacífica. Si eres padre de familia, esposo o esposa; empleado o jefe, adolescente o anciano; si estás en un compromiso antes de casarte; estas ideas ya descritas por muchos otros, te ayudarán para relacionarte con serenidad y vivir más pacientemente.

Es necesario recordar, que el conocimiento de los temperamentos no es suficiente para llevar bien las relaciones humanas sino que es sólo una parte, un complemento a la vida familiar y social. La oración es indispensable, la gracia también; los sacramentos, el ambiente donde se crece y trabaja, la educación y otras ayudas que forman la conciencia y que cooperan en la formación de buenos hábitos.

Habrá casos en que la persona sufre una deficiencia mental; la enfermedad altera la personalidad y la conducta del enfermo, también le influyen las medicinas que toma. Todos estos influjos externos opacan el verdadero reflejo de su temperamento. Por eso hay circunstancias y etapas de la vida que exigen, al tratarnos, doble paciencia y comprensión. El influjo de la depresión y en las enfermedades mentales, la ayuda profesional y la medicina serán indispensables porque el apoyo natural para cada temperamento, como se presenta más adelante en este libro, no será eficaz. Los vicios, por ser dependencias fuertes, roban la libertad de actuar y por lo mismo también alteran la personalidad; aunque cabe decir que la alteración que esos cambios provocan la recibe cada "víctima" según su temperamento. ¡A los viciosos cuesta más conocer y ayudarlos en su temperamento!

7

En este libro nos fijaremos en nuestras diferencias por el temperamento. Sabemos que hay personas <u>emocionalmente alegres</u> y melancólicos; otros su timidez los hace tranquilos y nerviosos; mientras que los extrovertidos son muy <u>activos</u>. Un niño con conocimientos <u>primarios</u>, es distinto a un joven con estudios universitarios y <u>secundarios</u>. Al joven le será más fácil que al niño perseverar en lo que emprende. Recuerda estos ejemplos para entender las diferencias básicas de las **emociones,** la **actividad** y lo referente al **primario** y **secundario**. La explicación de estos elementos, que hemos subrayado, será el contenido principal de las siguientes páginas.

INTRODUCCIÓN A LOS TEMPERAMENTOS

Igual que en la página anterior, que quiso ver las personalidades del hombre en comparación con animales y elementos naturales, de la misma manera, a lo largo de la historia, el hombre se ha interesado siempre por el estudio de sus semejantes; así nació la medicina, la historia de la humanidad y otras ciencias como la psicología. Nos interesa en este libro saber del estudio que se ha hecho sobre el comportamiento del hombre para conocer su temperamento. Te doy varios nombres, sin detenerme, de filósofos, médicos y psicólogos para que veas el gran interés que, a través de los siglos se ha tenido por ahondar en el comportamiento humano. (Sólo nos fijaremos en un par de ellos, principalmente en Le Senne, porque es el más común para entender los temperamentos.)

El primer intento sobre la necesidad de estudiar el comportamiento del hombre, lo podemos encontrar en la antigüedad sobre el frontis del templo de Apolo en Delfos con la inscripción en griego que dice: "¡Conócete a ti mismo!". Los Padres del Desierto, junto con los místicos y los sabios ven, en el conocimiento de sí mismo, el secreto de la sabiduría.

El iniciador del estudio de los tipos de individuos fue el médico Hipócrates, después de él Aristóteles hizo una clasificación de los caracteres en la Ética a Nicómaco. Lo siguen Teofrastro en el siglo II D.C. y Galeno, médico al igual que Hipócrates.

En la Edad Moderna y Contemporánea hay varias escuelas en diferentes naciones. En el siglo XVII en Francia Jean de la Bruyére; en Inglaterra en 1843, John Stuart Mill y Alexander Bain; en Alemania, Julius August Bahnsen. En 1877 Gustave Le Bon hizo un estudio sobre el carácter. Otros nombres que contribuyeron al estudio y educación del carácter son: Griéger, De Giovanni, Viola, Sigaud, McAuliffe y Kretschemer que entrelazó el carácter con la forma del cuerpo. En la escuela americana está W.H. Sheldon. Jung, siguió a Freud y Adler, y trato los diferentes tipos pero con criterio metafísico. Al que llaman el metafísico de la caracterología es Ludwing Klages

El primero que trató de organizar el carácter y abrió el camino para su estudio disciplinado fue Heymans en un estudio empírico. La mayoría de los educadores siguen, también los seguiremos en este libro, a Wiersma y Le Senne. Antes de ver las aportaciones de estos psicólogos y de conocer más de los temperamentos, abrimos dos paréntesis; una para definir el temperamento y el carácter; otro, para ayudarte a que te conozcas.

TEMPERAMENTO Y CARÁCTER

La distinción entre temperamento y carácter la entendemos en este libro según las siguientes definiciones:

EL TEMPERAMENTO: Es el conjunto de tendencias y dones naturales que cada individuo recibe al nacer.

El temperamento propio no cambia ni se transforma; forma las bases para la evolución de la personalidad. Una persona joven de temperamento nervioso puede ser distinta a una persona adulta de temperamento nervioso, pero el temperamento es el mismo hasta la muerte.

El temperamento no define lo que la persona es, sino lo que recibe de la naturaleza. Es como su esqueleto mental. Es permanente y garantiza a la persona su identidad estructural. El temperamento afecta el cuerpo y la mente.

EL CARÁCTER: Es el conjunto de sentimientos y características que una persona posee. El carácter se funda sobre el temperamento. Su desarrollo se perfecciona o debilita por el influjo de la voluntad, el ambiente y la educación.

El temperamento se acerca más a los sentimientos, emociones y pasiones innatas; el carácter se acerca más a la voluntad.

(Hay escuelas que dan al carácter el elemento natural y estable, que no cambia; y al temperamento lo que se funda en el carácter, y es la parte que se desarrolla y perfecciona. Le Senne, que es el más conocido, da al carácter la parte natural y estable; nosotros, en este libro, seguimos a las escuelas que definen el "temperamento" y "carácter" como están en los párrafos anteriores)

Hecha esta distinción, para entender mejor las definiciones, podemos ver la diferencia entre temperamento y carácter con la imagen del jinete y el caballo: el temperamento sería como el caballo y el carácter el jinete que lo controla. Por tanto una persona sin carácter, es una persona sin voluntad, incapaz de domar y dirigir con harmonía y provecho sus cualidades naturales.

Le Senne, basó su estudio del carácter en la distinción entre Temperamento, ego y personalidad, y añadió la Conciencia Psicológica, que veremos más adelante.

El Temperamento, como ya se dijo arriba, se limita a definir lo que el individuo hereda de la naturaleza al nacer, excluyendo lo que adquiere en la vida por la educación o su experiencia personal. El temperamento es el sustrato invariable en la que una vida se edifica. Para Le Senne el temperamento está compuesto de un coeficiente doble. El primer elemento de este coeficiente es estrictamente psicológico (deducido de la clasificación de Hipócrates) y el segundo es resultado de la herencia psicológica.

El Ego es el centro libre y activo que se encuentra en el corazón de lo que plastifica la unión del temperamento y la personalidad. Es decir: tú eres tú por lo que es tu temperamento y tu personalidad.

La Personalidad es la diferencia individual que constituye a cada persona y la distingue de otra.

La personalidad puede definirse también como el patrón de actitudes, pensamientos, sentimientos y repertorio conductual que caracteriza a una persona, y que tiene una cierta persistencia y estabilidad a lo largo de su vida, de modo tal que las manifestaciones de ese patrón en las diferentes situaciones posee algún grado de predictibilidad.

La personalidad incluye el temperamento y, además, implica todos los elementos adquiridos, que lo han especificado en una forma determinada, y su orientación sintética.

La formación de la personalidad es muy compleja y necesita de muchos elementos para perfeccionarse.

La personalidad se va formando a lo largo de la vida. Por incluir el temperamento que es natural, la personalidad siempre lleva el sello del "Yo", de tu individualidad.

EXAMEN SOBRE EL PROPIO TEMPERAMENTO

El segundo paréntesis es un examen para ayudar a que te conozcas y para que apliques a tu vida y a tu ambiente lo que te ofrece este libro. Vamos a injertar en las siguientes páginas un triple cuestionario, 30 preguntas, para que sepas cuál es tu temperamento. Lee con atención y contesta con mucha agilidad y sinceridad, pero con atención y cuidado. Cada pregunta tiene dos respuestas: la respuesta "A" y la respuesta "B", sólo escoge una respuesta". Señala la respuesta que elegiste trazando un círculo sobre la respuesta "A" o sobre la respuesta "B" que se encuentran en las columnas del lado derecho. Si estás indeciso o te parece que te identificas un poco con las dos respuestas, entonces pones un círculo alrededor del signo de interrogación "?". Responde la respuesta que revele mejor como eres, no como quisieras ser o la que parece más correcta. No tienes que mostrar tus respuestas a nadie, por eso siéntete con el compromiso de responder con sinceridad. Estos cuestionarios tienen la finalidad de señalar, lo más claramente posible tu temperamento, pues no hay dos personas idénticas ni dos temperamentos idénticos; Dios no se repite, pero el resultado de los cuestionarios aunque no es exacto te da una aproximación clara hacia el temperamento que posees.

No continúes la lectura del libro hasta haber contestado los tres cuestionarios, de lo contrario tus respuestas serán imprecisas e insinceras.

E	Respuestas		
1 EN CUANTO ALGO NO VA Y SALE COMO YO QUIERO:			
Pierdo enseguida la paciencua, auque externamente no lo noten los demás.	A		
		?	
Por lo general consrevo la calma y la paciencia			B
2 SI SE BURLAN DE MI, ME DESPERCIAN, CRITICAN, AUN COMO BROMA:			
Me aguanto con facilidad, sin enfureceme o tamarlo en serio	B		
		?	
Lo tomo muy en serio y me siento ofendido enseguida; me deja de mal humor.			A
3 CUANDO ME ENCUENTRO EN UNA SITUACIÓN ALEGRE (o triste)			
Me río (tambi´ne lloro) con facilidad, aún por cosas pequeñas que me digan	A		
		?	
Las risas o las lágrimas son algo raro en mi. Casí nadie me ha visto llorar			B
4 EN AMBIENTES DE FAMILIA, ENTRE AMIGOS O ENTRE GENTE CONOCIDA			
Por lo general conservo la calma y la paciencia. Ni entisiasmo ni enojo; sereno.	B		
		?	
Me entusiasmo con facilidad, aún en cosas sin importancia			A
5 CUANDO EXPERIMENTO MIEDO, SORPRESAS, RABIA, ALEGRIA INTENSA:			
Me pongo pálido, me sonrojo, manifiesto nerviosismo, cambio de voz, hago gestos	A		
		?	
Sigo apacible con el mismo tono de voz, actitud, con seguridad. Sin cambios			B
6 MI HUMOR Y ESTADO DE ANIMO:			
Siempre es el mismo, suceda lo que suceda.	B		
		?	
Paso con facilidad de la tristeza a la alegría; del enojo a la calma. Sin razón o con razón.			A
7 CUANDO HABLO CON MIS AMISTADES:			
Soy grosero, vulgar, exagero. Parezco otro.	A		
		?	
Por lo general mis reacciones y emociones son similares en toda situación			B
8 SI ALGUIEN ME CORRIGE, ME LLAMA LA ATENCION O ME AGREDE AL IR EN COCHE:			
Me mantengo tranquilo, los ignoro, y no hago caso aunque tenga la razón.	B		
		?	
Me ofendo fácilmente, nunca lo olvido, me enojo, protesto, falto al respeto			A
9 ANTES DE UN EXAMEN, UNA ENTREVISTA O UN EVENTO IMPORTANTE:			
Estoy con inquietud, nervios, ansiedad, pierdo el sueño, el hambre.	A		
		?	
Estoy bastante tranquilo y sereno y no cambio mis hábitos			B
10 AL NARRAR UNA EXPERIENCIA O CUENTO LO QUE HE OIDO DE OTROS:			
Lo narro tal cual es, exactamente como lo escuché contar en un principio	B		
		?	
Me gusta exagerar, aumentar e inventar para poner peor o mejor la narración.			A
TOTAL "E"			

A	Respuestas			
11 CUANDO SE TRATA DE SEGUIR MIS DEBERES				
Lo hago inmediatamente, sin perder tiempo y sin escusas		A		
			?	
Lo dejo para más tarde, para después hacerlo mal				B
12 SI ME TOCA HACER UN TRABAJO				
Lo hago de mala gana, sólo por cumplir y para evitarme problemas		B		
			?	
Lo haga de buena gana, espontáneamente, sin necesidad de vigilancia				A
13 CUANDO COMIENZO EL DIA, UN TRABAJO, UNAS VACACIONES				
Me meto de lleno, inmediatamente, sin lamentaciones ni perder tiempo		A		
			?	
Comienzo poco a poco, lamentándome, con interrupciones continuas				B
14 UNA VEZ COMENZADO ALGO, ESPECIALMENTE SI ES DE MI GUSTO				
Me descorazono enseguida, lo interrumpo, terminado lo arrumbo		B		
			?	
Lo termino con cuidado y bien, aunque no me agrade				A
15 ANTE TRABAJOS FATIGOSOS, DIFICILES, LARGOS Y ABURRIDOS				
Demuestro decisión, constancia y coraje hasta concluirlos		A		
			?	
Me desanimo fácilmente o de plano renuncio a penas comenzar				B
16 CUANDO ME ENCUENTRO EN DIFICULTAD O DELANTE A UN IMPREVISTO				
Prefiero no tomarlo en serio y voy en busca de soluciones fáciles		B		
			?	
Me gusta afrontarlas con decisión, me gusta el reto, las supero como sea				A
17 CUANDO PARTICIPO EN CUALQUIER JUEGO				
Prefiero los deportes que requieren movimiento y fatiga física		A		
			?	
Prefiero divertirme solo, a mi paso y en juegos tranquilos y calmados				B
18 AL DESARROLLAR MIS DEBERES, UNA RESPONSABILIDAD, APRENDER ALGO				
Me reprochan siempre por ser lento, todo me lleva tiempo y no termino		B		
			?	
Creo que hago las cosas más rápido, aún trabajando con detalle y bién				A
19 CUANDO VEO A LOS DEMÁS CANSADOS O EN DIFICULTADES				
Los ayudo sin que me lo pidan. Lo hago de buena voluntad.		A		
			?	
Me quedo mirándolos, los ignoro, dejo que se las arregles solos				B
20 ASI TENGO TIEMPO LIBRE				
Lo gasto reposadamente, soñando despierto, sin preocupaciones		B		
			?	
Lo ocupo activamente en deportes, leyendo o terminando proyectos				A
TOTAL "A"				

R	Respuestas		
21 SI ME HAN HECHO ENOJAR, ME HAN OFENDIDO, ME REGAÑAN O GRITAN:			
Me cuesta tener paz y pasa mucho tiempo antes de volver a la tranquilidad	A		
		?	
Sigo en paz y por lo general me tranquilizo con facilidad			B
22 SI ME FUE MAL EN UN TRABAJO, ROMPÍ UNA PROMESA O TUVE UN FRACASO			
Se me olvida rápidamente y después de un rato ya no pienso más en ello	B		
		?	
Lo sigo pensando, me quita el sueño y permanezco mucho tiempo bajo esa impresión			A
23 CUANDO TENTO TIEMPO PARA REORGANIZAR MI VIDA, TRABAJO O MIS COSAS			
Lo prepara con tiempo para que no me agarre de sorpresa. Lo planeo con precisión	A		
		?	
Lo dejo todo al último momento, improvisando lo que podía haber preparado al inicio			B
24 EN LO REFERENTE A MI FUTURO, A MIS PLANES PARA EL FUTURO			
No me preocupan las cosas que me pudieran suceder	B		
		?	
Siempre ando preocupado por lo que puede pasar, me da miedo e inseguridad el futuro			A
25 SI TENGO REGLAS, PROHIBICIONES, ORDENES QUE RESPETAR			
Las respeto con precisión y trato sinceramente de cumplirlas	A		
		?	
Las rompo con facilidad, no les doy importancia e ignoro las consecuencias			B
26 SI HE PROMETIDO ALGO A ALGUIEN O SI ME HE HECHO UN PROPÓSITO			
Me olvido con facilidad y, más aún, me pongo enseguida a prometer de nuevo	B		
		?	
Soy una persona de "palabra", trato de cumplir lo que prometo pase lo que pase			A
27 SOY UNA PERSONA QUE POR NATURALEZA			
Ama el orden, la puntualidad, la perseverancia y constancia	A		
		?	
Tengo fama de ser desordenado, impuntual y de entregar tarde mis trabajos			B
28 LOS CAMBIOS, LAS IMPROVISACIONES, LAS NOVEDADES, LO IMPREVISIBLE			
Me atraen y sé cómo solucionarlas. Prefiero lo del momento que prepararlo	B		
		?	
Me molestan porque dependo de mis cosas y planes. Soy una persona de hábitos			A
29 EN MIS AMISTADES, EN MIS SIMPATÍAS Y EN MIS GUSTOS			
Soy constante y fiel y las conservo por mucho tiempo	A		
		?	
Soy inconstante, me fascinan los cambios y tener muchos amigos nuevos			B
30 SI TENGO UN PROYECTO, UN DESEO QUE TRAIGO EN EL CORAZÓN Y NO SALE COMO CREÍA			
Me despreocupo y con facilidad lo sustituyo por otro	B		
		?	
No lo dejo, soy tesonero y lo hago aunque me lleve mucho tiempo y esfuerzo			A
TOTAL "R"			

HEYMANS-LE SENNE Y EL RESULTADO DE LOS CUESTIONARIOS

Para ver el resultado de los tres cuestionarios, primero volvemos brevemente al estudio de los últimos psicólogos en los párrafos anteriores:

Heymans comenzó analizando las biografías de más de 110 escritores, filósofos, líderes sociales, personajes famosos incluidos criminales. Eran 94 hombres y 16 mujeres que vivieron entre los siglos XVI y XX. Wiersma, otro psicólogo, lo ayudó haciendo encuestas y estadísticas. Juntos mandaron 6 cuestionarios de varios tipos de temperamento a 3 millones de holandeses y alemanes. Su objetivo específico era aprender hasta qué grado se heredaba la psicología para descubrir como los tipos psicológicos se transmiten. Reunieron respuestas de 458 familias: 1,310 hombres y 1,209 mujeres.

Heymans and Wiersma seleccionaron el número de áreas que podrían constituir la base para clasificar y definir los tipos del carácter. Le Senne y los estudios de los otros se fueron destilando en tres elementos fundamentales: emotividad, actividad y resonancia, que puede ser primaria (si las impresiones son cortas y no permanecen) o secundarias (si las impresiones permanecen).

Los tres cuestionarios que respondiste corresponden a estos tres elementos. El primer cuestionario, preguntas del 1 al 10, mide tu emotividad, el segundo, preguntas del 11 al 20, tu actividad y el tercero, preguntas del 21 al 30, tu resonancia. La combinación de estos 3 elementos dibuja 8 tipos de temperamento. De la combinación de los tres elementos: emotividad-actividad-resonancia, resulta nuestro temperamento.

Para saber lo que te dicen los cuestionarios, cada círculo sobre la letra "A" debes darle un punto. Cada círculo sobre el signo de interrogación "?", le das medio punto. Cada círculo sobre la letra "B", le das cero puntos. Enseguida suma cada cuestionario por separado y escribe el total al pie de la columna derecha en cada cuestionario, veras que está indicado el "total". Asegúrate que la suma la transformes en números redondos, lo cual harás excluyendo la cifra decimal, por ejemplo 6.5 será 6. El resultado será uno para la **EMOTIVIDAD** = ____. Otro para la **ACTIVIDAD** = ____. Y otro para la **RESONANCIA** = ____. Si la suma del primer cuestionario "E", la emotividad es 5.0 o menos serás "nE" No-Emotivo; si el resultado es 6.0 o más, serás "E" Emotivo. Si la suma del segundo cuestionario "A", actividad es 5.0 o menos, eres "nA" No-Activo. Serás "A" Activo si el resultado suma 6 o más. En el tercer cuestionario "R" resonancia, la suma es 5.0 o menos, serás en tu resonancia, "Primario", arriba de 6 eres de resonancia "Secundaria".

Tu temperamento tiene una fórmula según las ocho combinaciones que puedes ver en el párrafo siguiente.

La combinación de estos tres elementos resulta en ocho tipos de temperamento:

E-nA-P	Emotivo	No-Activo	Primario	NERVIOSO
E-nA-S	Emotivo	No-Activo	Secundario	SENTIMENTAL
E-A-P	Emotivo	No-Activo	Primario	COLERICO
E-A-S	Emotivo	Activo	Secundario	PASIONAL
nE-A-P	No-Emotivo	Activo	Primario	SANGUINEO
nE-A-S	No-Emotivo	Activo	Secundario	FLEMATICO
nE-nA-P	No-Emotivo	No-Activo	Primario	AMORFO
nE-nA-S	No-Emotivo	No-Activo	Secundario	APATICO

Todo nuestro libro se fijará sólo en estos tres elementos. Intentaremos explicarlos, verlos en cada uno de nosotros y entenderlos.

23

EMOTIVIDAD, ACTIVIDAD Y RESONANCIA

(por fluidez, en las observaciones usaremos con frecuencia la persona masculina: "él", pero todas las observaciones son igual de válidas para "ella")

La combinación de la emotividad, la actividad y la resonancia, definen y explican el tipo de temperamento de cada persona. La "emotividad, la "actividad y la "resonancia se dan en diversos grados, pues aunque dos personas resulten, por ejemplo, sanguíneas, nunca son idénticas.

La *emotividad y la actividad* forman un grupo primero que tiene unas disposiciones energéticas, es decir, son como el motor del temperamento de la persona. Según son nuestras emociones y nuestra actividad en la vida o nuestro dinamismo, así será nuestro temperamento.

La *resonancia (primaria o secundaria)* es el influjo e impacto que las impresiones ejercen en mi alma.

DEFINICIÓN, CARACTERÍSITCAS Y RASGOS POSITIVOS Y NEGATIVOS DE LA "EMOTIVIDAD", LA "ACTIVIDAD" Y LA "RESONANCIA"

Definición de la Emotividad: es una disposición que lleva a la persona a reaccionar interiormente a estímulos con más o menor intensidad.

El papel de la emotividad consiste en revelar la respuesta sensible de una persona cuando estímulos cercanos le suceden. Los estímulos pueden ser internos (una imagen, una idea, un recuerdo, etc.) o externos (unas palabras, las actitudes de los demás, las distintas circunstancias)

Nota: La emotividad está altamente influenciada según nos interesemos por una persona, evento o cosa. Lo que no se conoce no afecta, cuanto más percibimos lo que nos rodea más nos moverá la sensibilidad.

Características de la Emotividad: Es la desproporción entre el estímulo externo o interno. Por ejemplo: un evento o un recuerdo que produce una reacción en mí; a veces con mucha fuerza, a veces la reacción emocional es leve.

La tendencia a exagerar y dar demasiada atención a objetos y eventos de poca importancia, le sucedería a una persona de gran emotividad. Es una reacción interior exagerada en comparación con la reacción de otras personas en la misma situación.

Otro ejemplo de emotividad fuerte es una persona que tiene una comunicación llena de expresiones superlativas y exageración emocional al narrar eventos. Así mismo cuando la persona tiende a reaccionar con violencia a palabras y actos en sí insignificantes y sin transcendencia; y se ve abundancia de lágrimas o risas sin fundamento.

Cuando una persona posee o manifiesta estos tipos de reacción, se le clasifica como EMOTIVO (E). La persona que reacciona serena y de manera opuesta a los ejemplos del párrafo anterior, se le clasifica como no-EMOTIVO (n-E)

Rasgos Positivos de la Emotividad:

La Emotividad actúa como motor para poner en acción y apoyar la acción de las fuentes psicológicas y biológicas de la persona.

La Emotividad aumenta el interés en la acción que se debe realizar: Sin la emotividad muchas acciones nunca se llevarían a cabo en el emotivo.

Influye notablemente en la vida artística; anima y engrandece la literatura y la calidad retórica.

Desarrolla la inteligencia intuitiva y favorece las iniciativas.

Rasgos Negativos de la Emotividad:

La Emotividad acentúa momentáneamente las impresiones. Reduce la capacidad psicológica de la conciencia.

La Emotividad no favorece a la objetividad y la veracidad. Entorpece el raciocinio inductivo y aleja a la mente de un pensar abstracto.

Definición de la Actividad, es una tendencia continúa que empuja a la acción y creación de circunstancias para actuar. Es congénita e íntima.

Características de la Actividad:

El individuo experimenta una necesidad innata o tendencia a la acción. Las ideas e imágenes las traduce espontáneamente en actos.

El individuo no se desanima, ni se desespera ante las dificultades. Al contrario éstas lo estimulan a encontrar soluciones y concentrarse gozándolas. Los obstáculos le inyectan energía que dirige hacia la solución del problema.

La persona se ocupa más por amor a la actividad, que por el interés de obtener resultados, éxito o aplausos.

Rasgos Positivos del Activo:

La actividad genera energía. Esta actividad y energía constituye una de las riquezas más apreciadas por un carácter, y protege a quién la posee de la pereza.

Favorece los dotes de investigación e inventiva en el individuo, además de que inspira coraje de frente a las dificultades, fomenta optimismo, emula el talento retórico y predispone a la determinación, aún en situaciones difíciles. También aumenta el desarrollo intelectual.

Rasgos Negativos del Activo:

Provoca un espíritu de independencia y terquedad. Lleva a la ambición y avaricia. Favorece que predomine un interés práctico como el dinero, el honor, etc.

Definición de la Resonancia: es la prolongación de una sensación o impresión en la psicología de la persona.

La Resonancia puede ser **Primaria o Secundaria**. Las impresiones en una persona de resonancia primaria son vi-

vidas brevemente. Las impresiones de una resonancia secundaria son permanentes y duraderas.

Por ejemplo una resonancia secundaria es como una cuerda de guitarra, al golpearla continúa vibrando por largo rato y produciendo un sonido. En cambio las impresiones en una persona con resonancia primaria, serían como golpear una columna de acero, las vibraciones y sonido están allí, pero casi no se perciben y son de una duración muy breve.

Resonancia Primaria: Es inmediata, pero de duración breve. Permanece en la persona tanto como el estímulo que la provoca en la conciencia. Tan pronto como cesa el estímulo, cesa la impresión.

Características de la Resonancia Primaria:

Absorben plenamente en el momento presente, en el acto que se está realizando, de tal forma que después, cuando ha cesado, ya no se le presta atención y tiende a nuevos para atender proyectos y situaciones nuevas.

Se tiende a los resultados inmediatos.
Hay superficialidad e inconstancia en los deseos.

Por ejemplo: Un individuo "primario", reacciona inmediatamente y, posiblemente, con violencia, pero vuelve con facilidad a la calma y serenidad, olvidando todo. Un "primario" es como un objeto elástico que una vez que se deja de estirar, enseguida regresa a su estado y tamaño natural sin modificación alguna. La resonancia primaria es fuente de juventud. En general la primariedad de una persona disminuye con la edad.

La Resonancia Primaria se identifica con la letra "P".

Rasgos Positivos del "Primario"

Predispone a la persona para percibir con claridad y entender con rapidez las situaciones del momento y favorece la inspiración, creatividad y las dotes artísticas.

Rasgos Negativos del "Primario":

Predispone a la inconstancia e irregularidad.

Altera la objetividad y consistencia, en ocasiones perjudicando los principios adquiridos.

Favorece la superficialidad, inconstancia y se vive con una inclinación casi obsesiva al cambio constante. No favorece el control de las tendencias sensuales.

Resonancia Secundaria: La Resonancia Secundaria se caracteriza por impresiones que al inicio, tal vez, se resistieron o apenas se percibieron, pero que penetraron poco a poco en la profundidad de la conciencia psicológica. A pesar de que se absorben lentamente, permanecen largo tiempo.

Características de la Resonancia Secundaria:

Las impresiones permanecen, sean éstas dolorosas o agradables.

Apego al pasado y dificultad para aceptar los cambios.

Falta de espontaneidad y de riqueza en la innovación. Tendencia a lo tradicional.

Se acomoda con facilidad natural en la vida interior y con facilidad para concentrarse en todo lo que emprende y hace.

Por ejemplo: Un individuo con Resonancia Secundaria, al recibir un reproche o una palabra ofensiva, no reaccionará inmediatamente (aunque experimente ciertas reacciones físicas como sonrojarse y temblor de labios), sin embargo, nunca olvidará la ofensa. Para los "secundarios" las amistades de años se pueden romper por una ofensa hiriente. Algunas veces, aunque para el "secundario" muy pocas veces, puede explotar de una forma violenta que desconcertaría hasta el mismo individuo. Muestra enojo rara vez, pero cuando lo muestra es serio.

La Resonancia Secundaria se identifica con la letra "S".

Rasgos Positivos del "Secundario"

Predispone a la persona al orden, introversión, inhibición y autenticidad. Favorece la intuición. Ayuda a prevenir la precipitación y falta de consideración. Hay consistencia mental y objetividad. Se trabaja y vive con método y sistema. Ayuda a disciplinar los límites de la sensualidad y sexualidad. Predispone a la persona a las ciencias abstractas más que al arte.

La Resonancia Secundaria es fuente de una fidelidad ejemplar y sentimientos profundos.

Rasgos Negativos del "Secundario"

Testarudez, falta de adaptabilidad a las personas y situaciones. Dependencia exagerada de los esquemas en que ha acomodado su vida y costumbres. Inseguridad frente a lo nuevo y impremeditado. Dureza de trato y falta de comprensión con los temperamentos de resonancia primaria.

Le Senne añadió la conciencia psicológica a los tres elementos fundamentales, **emotividad, actividad y resonancia**, que aportaron Heymans y Wiersma.

LA CONCIENCIA PSICOLÓGICA

Para Le Senne la poca emotividad y resonancia atrae una conciencia amplia. Es decir; la persona se da cuenta de todo, se enfoca en todo y evita el compromiso. Por ejemplo: una persona de conciencia amplia de frente a un paisaje, su atención se fija en todo, sin detenerse a un punto o un detalle específico, lo cual sería propio de la conciencia estrecha.

La **conciencia estrecha** es consecuencia de una emotividad alta. La persona se fija en los detalles y el orden, con frecuencia está abstracta y tiende a buscar la causa de todo. Como quién frente a un paisaje, pone su atención en un punto.

LOS TEMPERAMENTOS EN PARTICULAR

Pasamos ahora la descripción detallada de los temperamentos. Como vimos arriba están divididos en ocho temperamentos que forman cuatro grupos o pares de temperamento; cada par se diferencia por la Resonancia, porque uno es "Primario" y el correspondiente es "Secundario"

Para cada temperamento haremos 5 divisiones:
1. Su descripción psicológica y su conciencia amplia o estrecha.
2. Las cualidades del temperamento.
3. Los defectos del temperamento.
4. Las manifestaciones psicológicas según el sexo masculino o femenino.
5. La actitud de la autoridad, consejero o director espiritual.

TEMPERAMENTOS DEL GRUPO "E-nA"

EL CARÁCTER NERVIOSO (E-nA-P)

Descripción Psicológica

Este carácter pertenece al grupo de los emotivos y no activos.

En el carácter no-activo, la emotividad tiende a retroalimentar a la persona, en vez de lanzarla hacia adelante. La diferencia entre el carácter *emotivo/no-activo/primario* y el *emotivo/no-activo/secundario* está en la resonancia de las impresiones: Las inclinaciones primarias mueven a la persona hacia el mundo exterior, mientras que las inclinaciones secundarias mueven a la persona hacia sí mismo, a un auto-análisis.

Existe una predisposición a la afectividad en los *emotivos/no-activos*. La subjetividad llega a ser el foco de riqueza y complejidad de la personalidad.

Emotivo/no-activo/primario

Por causa de la **emotividad**, la persona de carácter nervioso es muy sensible. Siente la necesidad de experimentar emociones, para poder vivir con interés, intensidad y entusiasmo. Ve lo sobrenatural a través del sentimiento religioso, más que por la ley o la voluntad de Dios.

Al no ser **activo**, no ve la necesidad de llevar a término aquello que le inició e inspiró la emoción. Carece de reflexión, de rigor, y de orden. Es un "soñador inconstante", que mira por escapatorias de la realidad y resultados que requieren poco esfuerzo. No tiene predisposición al servicio de Dios y de los demás.

Por ser **primario**, su reacción a las impresiones es inmediata e impulsiva. Basa su acción en sus emociones; si no siente, no reacciona. Cambia de estados de ánimo de momento a momento. Puede pasar rápidamente del entusiasmo al desánimo, de la alegría a la tristeza, de la coraje al miedo y del amor al odio. Busca los resultados inmediatos. Carece de continuidad, perseverancia y tenacidad en sus esfuerzos.

Conciencia

El individuo de carácter *emotivo/no-activo/primario* de **"conciencia amplia"** de intereses, pero sin llegar a apasionarse en nada específico. Sus emociones son muy débiles para permitirle llegar a conclusiones prácticas. La amplitud de visión se diluye en su naturaleza primaria, y le falta fuerza para actuar y para comprometerse en serio; todo va proporcionado con su capacidad de concentración y facilidad a la distracción.

La persona de carácter *emotivo/no-activo/primario* y **"conciencia estrecha"** pone su atención al momento presente, de forma que todas sus reacciones (ira, entusiasmo, coraje...) parecen potentes, agudas y con pasión. Concentra la fuerza de sus reacciones en un momento breve de tiempo. Es violento, pero menos superficial que el *emotivo/no-activo/primario* de gran apertura.

Inteligencia

Al ser más intuitivo que lógico, no está inclinado a lo abstracto o a las ciencias teóricas. Le cuesta detectar la esencia de las cosas. Forma sus conceptos rápidamente. Tiene predisposición a lo artístico (literatura, poesía, pintura...). Busca la novedad en el mundo del arte. Se interesa mucho por el conocimiento de sí mismo.

Cualidades

- Es generoso, atento, alegre, optimista, noble, amigable y afable. Su fuerza es la emotividad.
- Es fácilmente influenciable por los demás, y su afectividad hacia alguien puede llevarlo a la imitación.
- Su tenacidad puede degenerar en violencia. Es constante en la medida que le duren las impresiones.
- Se inclina al arte y la poesía.
- Le atraen los ideales religiosos. Tiene gran necesidad de amar e imitar a alguien.
- Ama la oración breve, personal, sentida y palpable. Prefiere la oración de petición y la oración que expresa su propia dedicación.
- Sus propios sufrimientos y ajenos, lo llevan a Dios como un Padre en quien puede confiar.
- Su generosidad lo lleva hasta el sacrificio.
- No siente apego al dinero. No busca cosas con egoísmo.
- Su valor dominante es su habilidad para gozar el momento presente.

Defectos

- Es inestable, impulsivo, superficial, desordenado, inconstante, egoísta, curioso, super-sensible, extrovertido y vanidoso (se cree físicamente de gran atractivo, inteligente, agradable).
- Se deja absorber por el mundo exterior.
- Es egocéntrico, perezoso, sensual, sexual y dado a toda clase de entretenimiento. Siempre está buscando nuevas emociones y satisfacciones. Siente la necesidad de atraer hacia sí la atención de los

demás, aun a costa de sacrificar el pudor y causar escándalo.

- Tiende a exagerar, mentir, con tal de impresionar a los demás y captar su atención.
- Es rebelde y fácil a juzgar, interpretar las intenciones de los demás y a la crítica.
- Busca el afecto, simpatía y la emoción que da una amistad. Le gusta soñar impresiones frutos de eventos en los que es el protagonista. Tiende a motivarse y dirigir su voluntad por la emoción del momento, siempre con poco auto-control y dominio.
- Fácil de entusiasmar e involucrar con engaños.
- Sus sentidos externos tienen más fuerza que su espíritu y lo sobrenatural.
- No sabe cómo reflexionar, analizar, meditar, orar o pensar metodológicamente y con un programa. Se distrae, dispersa y se duerme con facilidad.
- Es inmaduro y alocado en sus decisiones.
- Pierde tiempo imaginando proyectos e idealistas, soñando despierto y es irresponsable.
- Rechaza de otros la ayuda e intervención en su vida.
- Tiende a contradecir fuertemente al prójimo.

Manifestaciones Psicológicas según el Sexo

La Mujer: Es sensitiva, impresionable, irritable, vanidosa, compasiva, alegre, insatisfecha, de reacciones prontas. Es una trabajadora tesonera y espera sensaciones serenas. Su piedad tiende a depender de las emociones, y su fe es inconstante.

EL Hombre: Es inestable, impulsivo, excitable, indisciplinado, exagerado y presumido. Pero es generoso, afectivo y comunicativo (a veces hasta el fastidio), deportista y artista. Es independiente, aunque lo gobiernan sus ambientes. Es inconstante. En busca de sensaciones fuertes. Sus emociones lo llevan a ser inconstante en su relación con Dios y con los hombres.

Actitud del Educador y del Director Espiritual

Deberá ser, sobre todo, una actitud de amor. Amor que se da sin limitaciones en la acción

En la persona "nerviosa", la emotividad deberá ser la base de su formación humana y sobrenatural. Hay que poner todo dentro de un marco con un ideal muy concreto. Motivar a la persona con carácter nervioso con ideal de una persona; con el amor real y personal a Jesucristo.

La actitud del educado es sumamente importante, pues el "nervioso" al tender a la curiosidad, se fijará mucho en la forma de actuar y de expresarse de su educador. El individuo "nervioso" está inclinado a la crítica. Espera grandes beneficios, a nivel psicológico, de su educador. Es muy importante animarlo y apoyarlo lo mejor posible.

Es indispensable ayudarlo a conocerse y, tratar que adquiera las virtudes y cualidades que su temperamento le ofrece. Apoyarlo para que descubra la exuberancia de su corazón y la orienta hacia valores elevados; como el arte. De esta forma afinará el tono de su vida.

¿Cómo educar su carácter? (por fluidez, en las observaciones nos dirigimos a "él", pero son igual de válidas para "ella")

- Entendiéndolo, bondad paternal, sano optimismo, gran prudencia, refinamiento y constancia. La severidad la interpretará como falta de compresión. Evitar formas abruptas de comunicación.
- Correcciones bruscas y reproches le producirán reacciones violentas, y no progresará. Evitar ser bruscos con él, para evitar la depresión y los complejos de inferioridad. Con malas formas se sentirá incomprendido. No se detendrá siquiera a considerar la causa del reproche; solo verá desde su propio punto de vista. Consecuentemente, podría actuar simplemente por la satisfacción de resistir y singularizarse.
- Hacerle entender que él es el centro y todo es para su bien. Analizar con él las faltas que haya cometido, detectando la seriedad de los objetivos y el interés de sus intenciones; todo en un esfuerzo por ayudarlo a excusarse. Evitar que se desilusione. Animarlo a que se recupere enseguida, para que siga progresando en su camino de perfección.
- Dejarlo que se desahogue, evitando que caiga en la tristeza y melancolía.
- Luchar contra su inactividad. Llevarlo, poco a poco, a formar el hábito de continuidad y perseverancia en el propio esfuerzo. Ayudarlo a mantener su ardor inicial y la constancia en su esfuerzo.
- No permitir que caiga en preocupaciones vanidosas, al contrario, que cualquier preocupación sobre sí mismo, esté sanamente analizada para bien de su personalidad.
- Ofrecerle un ideal vivo que sea capaz de imitar.
- Es importante que discipline su "emotividad". Sus inclinaciones "primarias" son simplemente reacciones de sus emociones. Ayudarlo para que no se deje dominar por estas reacciones, sino que las canalice y desarrolle.

- Debe desarrollar el hábito de la serenidad, y orientarlo para que participe en actividades que eduquen sus emociones de forma que se beneficie. Por ejemplo: caminatas al air libre (no el mar que lo excitaría), deportes sanos, pero no violentos. Entusiasmarlo en la lectura de buenos libros, y en serios y metódicos estudios que produzcan resultados satisfactorios, como el aprendizaje y dominio de un idioma.
- Presentarle realidades sobrenaturales como el lado atractivo de la vida. Ayudarlo a conocer a Cristo como la Promesa y el Modelo de la Amistad Divina.
- Gradual y activamente introducirlo en la práctica de las virtudes cristianas. Experimentará la necesidad de dirección espiritual, y querrá cooperar porque es generoso. Le gustan las conversaciones espirituales, aún las largas.
- Nunca acusarle de tener mala intención o ser mentiroso. Si tiene una tendencia a contradecir, es por tener marcadamente una "psicología emotiva".
- Aprovechar su "emotividad" en bien de su piedad y vida interior. Presentarle a Dios como a un Padre bueno y amoroso.
- Comenzar con una oración vocal, litúrgica y pública. No exigirle, al inicio, un método específico de meditación; es preferible que el escoja el tiempo, lugar y forma de orar. Con prudencia sugerirle una oración que vaya en línea con psicología; algo simple y claro.
- Sugerirle que forme el hábito de hablar íntimamente con Cristo en el Sagrario, para que así perfeccione sus fallos en la oración. Le ayuda decirle a Jesús repetidas jaculatorias a lo largo del día. Sin darse cuenta aprenderá a conversar con Él. Final-

mente hay que iniciarlo en la práctica del examen de conciencia.

- Influir en él con sus emociones y ayudarlo a que desarrolle el hábito de la mortificación externa e interna con sacrificios pequeños.
- Convencerlo de la vaciedad de la vanidad.
- Enseñarlo a controlar sus impulsos, los cuales lo llevan a poseer todo lo que le gusta.
- El buen hábito del uso del tiempo, lo logrará con la abnegación motivada, y vivirá con mayor austeridad y menos comodidades.
- Mostrarle las dificultades de la vida, sobre todo en el matrimonio, cuando el respeto, el sacrificio y la fidelidad deberán ser virtudes adquiridas ahora.
- Es esencial que entienda la importancia de la sinceridad y apertura de conciencia con el director espiritual y confesor.
- El director espiritual firme, exigente y caritativo es indispensable.
- Conocerlo muy bien: como es y cómo se presenta frente a los demás.

EL CARÁCTER SENTIMENTAL (E-nA-S)

1. Descripción Psicológica

El carácter *emotivo/no-activo/secundario* por ser "emotivo" y "no-activo" es del grupo que está internamente dividido y, por la "emotividad" orientado hacia sí mismo. Su único obstáculo es el que está en ellos de forma natural: la "inactividad". Desde el punto de vista de la acción, son seres débiles, son los problemas internos los que causan esa debilidad. Vistos desde otra perspectiva, son individuos refinados cuyos sentimientos superiores derivan de la misma debilidad. Sus reacciones son expresiones que les brotan del interior y se ven en todo lo que hacen.

La "no-actividad" disminuye el número de posibles proyectos en su vida, pero acentúa la claridad de saberse tales personas.

Este carácter también pertenece al grupo de los "emotivos y no activos".

Emotivo/no-activo/secundario

Debido a la **"emotividad"**, la persona de temperamento sentimental es muy sensible, pero no exterioriza sus reacciones, pues no vive en el momento presente con el mundo que lo rodea. Trata de comprender los acontecimientos del mundo externo y los juzga; su mundo está dentro de él.

Por ser **"no-activo"**, se inclina a la pasividad y a su mundo interior. Experimenta su debilidad cuando hay que actuar, y se mortifica. Al mismo tiempo confía que podrá reaccionar con eficacia. Sus proyectos e iniciativas, siempre se quedan en el deseo y en los sueños.

Al ser **secundario,** percibe profundamente las impresiones de lo bueno y de lo malo, de lo alegre y de lo triste. Medita lentamente las impresiones, las vive una y otra vez, aún después de mucho tiempo que pasaron.

El "secundario" vive con gran apego al pasado, y se refugia en él. Usa su imaginación para ocuparse organizando el futuro. Es otro de los caracteres introvertidos.

Conciencia

El individuo de carácter *emotivo/no-activo/secundario* de **"conciencia amplia"** posee una serie de emociones que lo llevan a la contemplación del mundo exterior (flores, montañas, campos...) y se entrega a gozarlos individualmente. Por ejemplo: paseos solo en contacto con la naturaleza o escribir en su diario personal sus impresiones y sentimientos.

La "frescura interna" de su conciencia le ayuda a dulcificar lo vulnerable de su carácter y su propia rigidez. La persona *emotivo/no-activo/secundario* de conciencia amplia posee profundas y ricas experiencias que para otra persona pasarían desapercibidas.

La persona de carácter *emotivo/no-activo/secundario* y **"estrecha apertura"** es muy sensible, vulnerable y enigmático. Está predispuesta a emociones violentas, que brotan sólo después de haberlas incubado internamente por mucho tiempo. Se caracteriza como una persona inflexible. Su estrechez de conciencia refuerza, agudiza y endurece su carácter. Es infeliz y trata de hacer a otros infelices.

Inteligencia

Es una persona más intuitiva que lógica. No le gusta el análisis ni las ciencias abstractas o técnicas, más bien se inclina a la filosofía, la religión y psicología. Le cuesta percibir y apreciar la esencia de las cosas.

Su inteligencia busca ser subjetiva, no le interesa poner atención en la objetividad que lo rodea; reacciona saturando la realidad de sentimientos profundos. Nunca considera a las personas en abstracto o en general, sino como expresión de la vida. Le gusta la poesía filosófica y los estudios literarios.

2. Cualidades:

- Su fuerza está en la "emotividad", sobre todo en la resonancia secundaria.
- Es la clase de persona que alcanza altos grados de santidad y misticismo.
- Es fina, fiel, constante en sus afectos y amistad con Dios y los hombres. Goza la soledad y el silencio.
- Es una persona recta, honorable, auténtica, profunda, reflexiva, religiosa y generosa. Su personalidad y gestos son dignos y maduros.
- Se contenta con poco, no es un alma ambiciosa. Indiferente a los placeres sensuales.
- Predispuesta a una actitud de de compresión, serena, noble, refinada, profunda, sensible al amor, constante, piadosa, recogida, sincera, simple, abnegada, caritativa, compasiva y apostólica.

Su valor dominante es su necesidad y dependencia a la intimidad, que continuamente tiende a la naturaleza. Busca siempre concentrarse en el pasado y preocuparse por el futuro.

3. Defectos:

- Es una persona introvertida, siempre descontenta consigo misma, pesimista, escrupulosa, melancólica, tímida, indecisa, negativa, independiente, egoísta, pasiva, insatisfecha, amargada, orgullosa, terca, sobre-sensible, vulnerable, susceptible, explosiva, desconfiada, inclinada a la tristeza, descuidada a lo que sufre.
- Puede herir a otros al tratar de protegerse; si intentan cambiarla, ayudarla o entrar en su intimidad para tratar de adivinar sus estados de ánimo.

- Se deja dominar por los sentimientos y la depresión. Rechaza las imposiciones externas.
- Prefiere vivir de acuerdo a sus sentimientos y hábitos. Evita el compromiso serio.
- No le gusta compartir ideas o rezar con otros. Suele escoger la soledad, pero más que unirse con Dios, interioriza su propio "yo".
- Se deja dominar por la imaginación; el mundo que puede dominar sola y dónde siempre sale todo bien.
- Es más filósofo que ético o moralista.
- No es un trabajador tenaz, prefiere vivir a costa de otros.
- Si experimenta inclinaciones fuertes de sexualidad, se debe a la evolución natural de su cuerpo, o por haber sido iniciada a los placeres sensuales en una edad temprana. En ocasiones busca los placeres sexuales como un escape de la realidad hiriente.
- Tiende a las amistades particulares.
- Es el temperamento más predispuesto a las enfermedades mentales y la desorientación afectiva del sexo.

4. Manifestaciones Psicológicas según el Sexo

La Mujer: Muy débil, tímida e introvertida, pero tiene una actitud positiva. Desconfía de sí misma y cerrada en sí. Es infantil con tendencia al resentimiento. Es de pocas amistades, pero reales y bien seleccionadas. Sufre por la tendencia egocentrista hasta el punto de auto-idealizarse. Se aplica al trabajo mucho más que su esposo; tiene mucha fuerza de voluntad. Goza sensaciones y emociones intensas. Es una mujer muy constante en su piedad y necesita devociones personales. Es muy moralista.

EL Hombre: Es un individuo calmado, ordenado, reservado, tímido, concienzudo, indeciso, soñador. Fácil de herir, sociable sólo con un grupo reducido y bien escogido; se esconde en sus recuerdos. Intelectual, amante del estudio y los libros; se esfuerza por triunfar en su trabajo, pero es débil y poca resistencia física. Es piadoso desde la niñez.

5. Actitud del Educador y del Director Espiritual:

Es el carácter más inclinado a la necesidad de un guía.

En la persona "sentimental", es muy importante y necesaria la dirección y educación de un mentor. Por ser una persona "emotiva" y fuertemente "secundaria", está inclinada a la ayuda de otro. Si el educador sabe ser aceptado por el "sentimental", su influjo y amistad serán de un valor increíble. El educador encontrará un discípulo sincero, que le abre totalmente su alma, profundamente agradecido y muy cercano, hasta el punto que se le idealice. Nadie como el "sentimental" sacará provecho de la dirección espiritual y la guía de un experto. Toda esta facilidad y docilidad hacia el educador, lo pone en una seria responsabilidad.

El educador deberá tener una bondad de trato incondicional, puliendo mucho la forma refinada. Debe hacer siempre un gran esfuerzo por entenderlo y acercarse siempre a él con una paciencia invencible.

¿Cómo educar su carácter?

- Mantener con él una actitud de confianza y comprensión; sólo de esta forma podrá liberarlo de sus complejos, timidez, desconfianza y escrúpulos.
- Enseñarlo a que se reconcilie consigo mismo, y que salga de su mundo interior. Es necesario que experimente la alegría del trabajo y descanso con otros.

- Por naturaleza, piensa que sólo en su mundo interior hay bien, e instintivamente rechazará lo que intente influirle del exterior.
- Convencerlo de que su riqueza interior es un don de Dios para compartirlo con otros y enriquecer el mundo.
- Ayudarlo a descubrir las cualidades que le dan su "emotividad" y su "resonancia secundaria".
- Presentarle el mundo sobrenatural que le dará significado a su vida, firmeza, estabilidad, fidelidad y una íntima paz del corazón.
- La base de su vida sobrenatural deberá ser el amor paterno de Dios, su bondad y la amistad íntima con Jesucristo. De esta forma acogerá el don de trabajar con y para Dios.
- Es un temperamento muy dispuesto a una verdadera vida sobrenatural; aprovecharlo.
- No acentuar que sus pecados provocan la ira de Dios y merecen castigo. Presentarlos como una infidelidad y falta de gratitud al amor incondicional que Dios le ofrece. La atención debe dirigirse siempre a la Misericordia de Cristo.
- Saber escucharlo sin señales de cansancio, aburrimiento o impaciencia.
- Ayudarlo a que se libere de sus escrúpulos, pues además, son alimento de su egocentrismo.
- Enseñarlo a orar en un diálogo con Dios. No dejar que su trato con Dios sea una ocasión para ventilar sus quejas contra los demás, las circunstancia y lo exterior que lo hace una víctima.
- Aprovechar su deseo de mortificación, orientándolo a la disciplina de su imaginación, lucha contra la tristeza y la tendencia a reciclar sus deficiencias.

- Vigilar que su austeridad y simplicidad no degenere en cinismos, soberbia espiritual, sarcasmo, sino que las eleve al plano sobrenatural.

- Enseñarlo a aprovechar el tiempo, motivado por el valor eterno que le puede dar.

- Facilitarle el trabajo junto con otros, previniéndole su tendencia a la crítica.

- La obediencia le cuesta más de lo normal; cuidar una obediencia sin razón y cuando sea necesaria que no le falte la fe.

- Prevenirlo y educarlo sobre la fuerza y el control de los afectos.

TEMPERAMENTOS DEL GRUPO "E-A"

EL CARÁCTER COLÉRICO (E-A-P)

1. Descripción Psicológica

El carácter *emotivo/activo/primario* goza de gra n vitalidad física y de riqueza sentimental. La "actividad" es el motor que domina su carácter. Es uno de los caracteres más dotados. Su "actividad" combinada con su "emotividad, y regulado con los dones propios de un carácter que, con el esfuerzo personal, aunque en sí es "primario" adquiere los dones de un "secundario", lo pueden llevar a niveles altos de perfección humana y sobrenatural.

A) *emotivo/activo/primario*

Ser "emotivo" y "activo", es estar siempre ocupado en tareas externas, buscando lo nuevo y original mientras trabaja.

Se sienten fuertes y útiles, porque encuentran sentido y razón a lo que hacen y al reto del trabajo.

Su acción brota de su interior natural. Crean y construyen valores en el mundo externo, de acuerdo a la manera propia de ser. Aquí encuentran una finalidad a su vida.

Si se quiere conocer a un *emotivo/activo/primario*, debemos involucrarnos en lo que hacen y en su profesión y en cualquier manifestación de su "actividad".

Debido a la **"emotividad"**, manifiestan su "emotividad" en la acción. Sienten con intensidad todo lo que hacen. Tienen la cualidad de involucrar a otros en su actividad y la alegría de hacer. Son entusiastas, optimistas y buenos oradores. No son introvertidos. No son tímidos ni metódicos.

Por ser **"activo"**, sienten la necesidad de estar ocupados y de hacer por hacer. No pueden estar de ociosos. Si encuentran algún obstáculo, se entusiasman más y ponen todo su esfuerzo en resolverlo. Superar obstáculos es su alegría.

Al ser **primario**, su actividad no es constante, es sólo para el momento presente. Tienden a la improvisación. Dejan a medias lo comenzado para dedicarse a otra cosa. Su actividad está llena de energía, pero sin orden y profundidad. Viven el presente. Su primera reacción e ímpetu nace de la emoción, pero sin garantías de perseverancia. Quieren resultados inmediatos, prefieren la actividad al aire libre.

El "secundario" vive con gran apego al pasado, y se refugia en él. Usa su imaginación para ocuparse organizando el futuro. Es otro de los caracteres introvertidos.

B) Conciencia

El individuo de carácter *emotivo/activo/primario* de **"gran apertura"**: son buenos trabajadores de mente hábil. Se adaptan con facilidad a los cambios de ambiente y de circunstancias. Son perseverante y menos violentos que otros coléricos.

Se les facilita darse a entender, explicar; de esta forma enriquecen su trabajo.

Tienen mucho interés y respeto por la investigación científica.

Son más amigables, calurosos y agradables, al mismo tiempo más ordinarios, que el mismo tipo de conciencia estrecha.

La persona de carácter *emotivo/activo/primario* y **"estrecha apertura"**: reacción inmediatamente. Se involucran enseguida con el momentos presente. Se lanzan a hacer, sin tomar en consideración los valores y sin reflexión. Viven con intensidad lo que hacen. Son menos extrovertidos que los *emotivo/activo/primario* de conciencia amplia. Son cuidadosos, y también olvidadizos. Son más ordenados, refinados y pulidos.

C) Inteligencia

Inteligencia viva, siempre alerta y con frecuencia brillante. No es analítico ni abstracto. Con facilidad para descubrir lo esencial. Se interesa en los problemas políticos y sociales, también en la tecnología que es la característica predominante del su inteligencia. No es siempre consistente ni verdadero con lo que dice.

Tiene talento para la oratoria y el arte.

2. Cualidades:

Su **valor dominante** es la generosidad.

- Trabajador, persistente, sociable, extrovertido, generoso, alegre y un "buen samaritano" para los demás.
- Es cálido, entusiasta y agradable. Olvida con prontitud las ofensas.
- Sabe convencer a los demás; es firme y determinado.
- Con talento para los negocios.
- Como es "emotivo" tiende al amor de Dios, la Virgen y los demás.
- Prefiere las oraciones breves, rápidas "al grano" y que sean públicas. Prefiere la liturgia con música.
- Si hay que orar, escoge hacerlo con otros y al aire libre. Le gustan los Salmos.

- Su actividad favorece el desarrollo de la vida sobrenatural. Su fuerte tendencia a lo sobrenatural lo lleva al amor.
- Hará cualquier cosa por el amor. Le fascina hacer actos de misericordia espirituales y corporales.
- Es buen trabajador social y misionero.
- Todo lo que es compromiso le atrae. Siempre listo para cualquier iniciativa, aunque exija sacrificio. Trata sinceramente de solucionar y ayudar en las necesidades de los demás. Es caritativo con los enfermos y necesitados.
- Es magnánimo en sus limosnas, no le cuesta desapegarse de las cosas.
- Necesita trabajar y ayudar a otros para ser feliz y sentirse completo.
- No es rebelde, es obediente, dócil y evita los argumentos.
- Le gusta vivir en comunidad y es creativo en el ambiente familiar. Es comunicativo, interesante y tiene el don de palabra. Coopera a formar un ambiente de camadería.
- El apostolado le da mucha satisfacción. Le da mucho valor y atención a improvisar acciones grandes, aunque no tenga claridad y metas definidas sobre lo que quiere hacer.

3. Defectos:

- Se arriesga con actividades que le llenan, pero no tienen mucho valor y fines claros.
- Es impulsivo, energético, a veces violento, fácil de entusiasmar y comprometer, superficial e impaciente.
- Busca resultados inmediatos.
- Muy seguro de sí y sus juicios.

- Le gusta vivir con intensidad, por lo mismo con inclinación a la satisfacción y placer de los sentidos: lujuria, gula
- Es vanidoso de lo que hace, es ambicioso y le gusta la popularidad.
- Es aventurero y revolucionario.
- Sus acciones carecen de raíces profundas. No tiene visión del futuro, y sufre si en su vida no hay tensión por varios días. Busca la acción por la acción.
- Se compromete sin reflexionar sobre el valor de lo que hará; con peligro de embarcarse en trabajos sin bases ni transcendencia.
- Su carácter "primario" le hace preferir lo superficialidad en el aspecto religioso y sobrenatural.
- Su actividad natural lo lleva a realizar metas, y separarse de objetivos que valen más, pero requieren perseverancia, paciencia y tiempo.
- Carece de interés por la oración, la abnegación. Prefiere la actividad apostólica.
- Concibe la vida de fe como no exigente, por eso con el peligro de mezclarla con criterios del mundo.
- En sus relaciones con Dios puede tratarlo con familiaridad, sin reverencia ni respeto.
- En la oración sufre muchas distracciones, porque externamente está comprometido con muchas otras actividades.
- Escoge las actividades inmediatas, aunque sabe que otras son más útiles y brillantes para los demás.
- No tiene interés por lo regular y constante. Abandona trabajos que exigen orden y disciplina.
- Su hogar es más que un lugar de reposo, paz y convivencia familiar, parece un hotel: le gusta tener

invitados y estar saliendo y entrando.

- Le gusta la vida fácil de comer, beber, fumar, fiestas, viajar y gastar dinero.
- Cualquier excusa es buena para visitar a sus amigos, salir de casa y perder tiempo.
- Tiene un vigor exuberante y vivaz, que tiene repercusiones peligrosas en la sexualidad. Gradualmente va perdiendo precaución en sus aventuras afectivas; si cae en ellas, no son duraderas, sino simples aventuras.
- Con facilidad puede caer en pecados graves y relaciones que causan mucho daño a otros.
- Es débil en la atracción al sexo opuesto; su personalidad vivaz lo hace una persona atractiva.
- Es muy independiente en todo lo que hace. No acoge las iniciativas de los demás ni los consejos, pero no es terco.
- En su trabajo, compromisos, responsabilidad, perseverancia… carece la parte "secundaria"; vive un presente irresponsable.

4. Manifestaciones Psicológicas según el Sexo:

La Mujer: es de físico delicado. Su vivacidad no es tan exagerada como en el hombre colérico. Sin embargo, es menos tolerante con la disciplina. Es espontanea e impulsiva. Fácilmente conecta con los demás, por ser extrovertida y afectiva. Le gusta el mundo, la vida rápida y las sensaciones intensas. Prefiere el entrenamiento movido y ruidoso. Es muy activa, más que el hombre colérico. Se mete de lleno en sus estudios, aunque le gusta estar cambiando y experimentando lo nuevo. Sus sentimientos religiosos son menos que los del hombre colérico. Es muy generosa, aunque implique grandes sacrificios. Su relación con Dios es superficial.

EL Hombre: Trabajador pero inestable. De constitución fuerte. Tiene necesidad de movimiento y cambio. Es rebelde e inquieto. Se interesa por todo. Es alegre y sociable. Es autoritativo. Le gusta todo lo que trae ganancia inmediata y éxito. Le atraen los deportes extremos y peligrosos. Le gusta todo tipo de actividad. Le fascina triunfar, es muy vanidoso e inconstante.

5. Actitud del Educador y del Director Espiritual

La persona *"emotivo/activo/primario"*, no se detiene a considerar la actitud y los métodos del educador. Una vez que verifica que el educador tiene un deseo sincero de ayudarlo, lo acepta y coopera con docilidad con él. Se deja modelar, aunque sean métodos e ideas que no van con su carácter.

Su dinamismo y cualidades, deberá el educador hacerlas internas, a través del conjunto unificador de todo , incorporándolo en una ascesis práctica, hasta que la "actividad" termine en una relación natural con Dios. El colérico necesita una espiritualidad Cristo-céntrica: amar a Cristo y darlo a los demás para extender su Reino. Debe ver los frutos externos de esa "expansión". Sólo de esta manera llegará a ser un verdadero apóstol de muchas almas.

Una persona *emotivo/activo/primario* no se inclina a la dirección espiritual, no ve la necesidad. Se opone a la formalidad y regularidad de las citas. Prefiere hacer decisiones por sí solo. Sin embargo, los fracasos fuertes externos y el influjo pernicioso de su sensualidad, fácilmente lo convierten en el "Hijo Prodigo" que va al director espiritual por el gozo interior y la paz.

¿Cómo educar su carácter?

- Educarlo en actividades externas, aunque sean espirituales. Debe ser algo concreto, práctico donde se ve claramente el inicio y el fin del compromiso.
- Por ser sincero, le gusta sacar todo y presentar sus problemas abiertamente.
- Es dócil y no criticará o retará a su educador o director espiritual.
- No tomará una posición de competencia.
- Es importante que canalice su aspecto "primario", llevando todo su trabajo hacia un objetivo único y transcendente. De esta forma adquirirá los rasgos del "secundario".
- Ayudarlo a reflexionar en sus motivaciones, el valor de su acción, sus fracasos y éxitos. Debe ser consciente de su inconstancia, y de las razones de su falta de perseverancia. Así podrá corregirlas, y valorar las riquezas de su personalidad. Moderar su "trabajar por trabajar" para que ponga atención a su persona. Dejar que vea progreso en su docilidad para que se entusiasme a incorporar las cualidades del "secundario". Motivarlo para que aprecie la puntualidad y el orden.
- Convencerlo del lado negativo de la extroversión, que lo lleva a inútiles distracciones y pérdida de tiempo y talentos. Poco puede ofrecerle el mundo exterior frívolo. Solamente si aprende esta lección, podrá ser dueño de sí mismo.
- Nunca usar con él violencia, lenguaje duro, usar el miedo y fracaso como argumentos. Cualquier influjo negativo, desinflará la riqueza de su personalidad al dirigir la atención y fuerzas en lo que no le es propio.

- Con la inteligencia debe comprender que su debilidad es la dispersión de las valiosas cualidades de su personalidad. La riqueza la posee en sí; no hace falta buscar motivaciones de fuera.
- Tiene muchas fugas de natural valioso. Su problema es la dispersión: mejor canalizar que amputar.
- No olvidar que es "emotivo"; para formar su voluntad, motivarlo viendo cómo es necesitado, cuánto puede ayudar a otros, y las satisfacciones que su ayuda le atraerá.
- La disciplina en el colérico debe ser suave, con pocas dosis, discreta, constante, pero sin monotonía ni brusquedad. La disciplina impuesta lo hará un enemigo del educador.
- Los valores espirituales, la piedad y la vida sobrenatural, se le debe ofrecer a través del apostolado dinámico. Sin olvidar la importancia de formar hábitos y la fortaleza dela voluntad. Necesita ideales atractivos a su tipo de personalidad.
- Acercarlo con discreción a un "secundario" para que aprenda a reflexionar, la seriedad y constancia.
- Introducirlo en la oración meditativa. Le costará el silencio, por eso mejor la oración de diálogo con Cristo, el Evangelio y que lucha contra las distracciones haciendo de su actividad y trabajo el tema de conversación con Dios.
- Aprovechar su generosidad natural, orientada hacia la mortificación como una condición para amar a Dios. La mortificación corporal le ayudará a controlar la sensualidad y sus inclinaciones sexuales, pero siempre como un bien a edificar para los demás; para él será un ejercicio de humildad y pureza de intención.

- Abnegación y conocimiento sobre sus tendencias afectivas, será un gran medio para educarlo. Este temperamento con facilidad cae en la inmoralidad, está más frágil en tiempo de depresión, más que cualquier otro temperamento. Debe saber todo esto.
- Ayudarle a encontrar buenas actividades que canalicen su "actividad"; observarlo con discreción. Es bueno que adopte un espíritu de iniciativa para que se auto-eduque.
- El gozo espiritual que experimenta en compañía de otros, debería transformarse en una caridad genuina y abnegada como base de perseverancia y amor a Cristo.

EL CARÁCTER PASIONAL (E-A-S)

Descripción Psicológica

El carácter *emotivo/activo/secundario*

Este temperamento es el más dotado, porque incluye los tres elementos de forma positiva. Es el temperamento de los extremos. El *"emotivo/activo/secundario"* puede llegar a ser un gran hombre y un gran santo o también un influjo negativo muy pernicioso.

A) El *emotivo/activo/secundario:*

Debido a la **"emotividad"**, Siente sus ideales con mucha profundidad y los concibe humanamente también con gran profundidad. Es capaz de organizar sus actividades enriqueciéndolas con su interior y con las aspiraciones de los demás; une lo propio y lo ajeno en un clima de colaboración y bienestar.

Por ser **"activo"**, Siente una gran necesidad de traducir sus ideas en realidad. Constantemente está orientado a que sus acciones resulten tan perfectas como se pueda; por lo general lo logra obteniendo resultados positivos.

Al ser **secundario**, Su fuerza deriva precisamente por ser "secundario", porque su "actividad" otro elemento positivo, continua y se va enriqueciendo hasta finalizar bien sus obras. Un "secundario" tiene una inteligencia superior a lo normal y una visión para ver los problemas con objetividad y realismo; sabe darles buenas y soluciones eficaces. Percibe aún los problemas ajenos y su "emotividad" le ayuda a ser compasivo y generoso. Es educado, simple y con más indiferencia a los placeres de los sentidos. Tiene conflicto con frecuencia con las oposiciones naturales que le van brotando en su interior.

Conciencia

El individuo de temperamento *emotivo/activo/secundario* de "**gran apertura**" le falta flexibilidad en sus pensamientos y decisiones. Se preocupa primero por sí mismo, evita complicarse, pues prefiere la vida sencilla. Busca siempre una vida libre de limitaciones a sus intereses egoístas.

La persona de temperamento *emotivo/activo/primario* y "**estrecha apertura**" se deja guiar por reglas y la razón, y es fiel en cumplirlas. Mide su fidelidad a Dios y a lo terreno según es fiel a las normas. Busca la claridad y y control total en todo. Puede reaccionar con severidad, dureza, terquedad, individualismo, crueldad y manipulando a otros con el ejercicio de su autoridad.

C) Inteligencia

Tiene buena inteligencia, con mucha lógica e inclinado a las matemáticas. Se interesa por las ciencias abstractas (filosofía, política, religión y ética). Capta con facilidad el núcleo y la esencia de las cosas y problemas. Tiene una memoria excepcional, es ordenado, metódico y le gusta la puntualidad. Se expresa con claridad, consistencia y con verdad. No le atrae el arte, sólo de paso.

2. Cualidades

Su valor dominante está en los proyectos de vida que toma.
- Muy activo, determinante, tenaz, perseverante, ordenado, energético. Cuando encuentra una meta e

ideal, se esfuerza hasta lograrlo.

- Es un líder natural; es hábil en solucionar problemas y dar soluciones. Los obstáculos le inyectan motivación. Es organizado.
- No es sensual ni perezoso; con facilidad abandona lo terreno.
- Es espiritual, le gusta la intimidad con Dios; es contemplativo y activo.
- Le atraen los ideales altos. Es fiel, constante, noble, consistente, noble, generoso, maduro, serio, reservado, trabajador y exigente.
- Sabe aprovechar las experiencias; el futuro lo ve lleno de oportunidades e ideales.

Defectos

Su defecto dominante es la soberbia.

- Es independiente, impulsivo, exageradamente motivado, activo, violento, severo, duro, incomprensivo, soberbio, terco, crítico, rebelde, cruel, incomprensivo, déspota.
- Es introvertido. Tiende a controlar y gobernar basado en su auto-seguridad y experiencias del pasado.
- Evita el trabajo en equipo, prefiere la independencia.
- Evita actividades que comprometen su libertad de acción, como: descanso, ejercicios físicos, alpinismo y similares.
- El peligro para él en la sensualidad y sexualidad es la excesiva confianza en sí mismo.
- Acepta vicios como el alcohol para ser más aceptado, rebajándose al nivel "normal".
- Es un mal empleado.

4. Manifestaciones Psicológicas según el Sexo

La Mujer: Es positiva en general. Profundamente sensitiva, introvertida y tímida. Su energía tiende a ser difusiva. Busca la discusión por terquedad y seguridad en sus argumentos, también es dominante. Es accesible y comprensiva sin dejar de ser introvertida. Se mete de lleno en las responsabilidades que toma. Sobresale como la mejor. Entiende y siente la necesidad de los ideales religiosos; se apasiona por ellos y sus problemas. Con facilidad llega a ser un ejemplo de piedad y caridad cristiana.

EL Hombre: Serio, metódico, responsable, muy disciplinado, franco, violento, independiente, ambicioso. Le cuesta el primer contacto con los demás, y, de repente, sorprenden sus reacciones. Se cansa rápido de los demás. Se interesa en problemas de importancia como: problemas sociales, religiosos, políticos, etc. Le atrae la lectura y el estudio. Es un trabajador incansable y constante, busca el éxito a toda costa. Posee un profundo espíritu religioso, y tiende a practicarlo con compromiso, seriedad, sinceridad y constancia.

5. Actitud del Educador y del Director Espiritual

Por ser "emotivo" y "secundario", el individuo pasional es marcadamente sensible y muy observante. No hay aspecto en el educador que pase desapercibido por una persona pasional; ya sea en su presentación, erudición, manera de pensar; todo lo que es y tiene el educador o director espiritual lo observara el sanguíneo. El emotivo-activo-secundario es fácil de educar, pues le gustan las reglas, lo serio, lo ordenado, superarse y triunfar. Son también buenos educadores y directores.

Es una necesidad el tener una ayuda que lo guíe, con prudencia, firmeza y el tacto que aproveche y respete una personalidad tan rica como es el sanguíneo. Quiere ser iluminado con seriedad y que se le presenten niveles nuevos y elevados para su vida. El educador debe primero ganar la confianza e inspirar comprensión, sabiduría, sincera amistad y calor. Los sanguíneos exigen educadores competentes.

¿Cómo educar su carácter?

- Conocerlo bien y dejarse conocer bien.
- Evitar, a toda costa, el sarcasmo, la ironía, el doble sentido, el infantilismo, ridiculizar o palabras humillantes; cualquiera de estas actitudes serán errores irreparables en la relación que herirán seriamente al educando.
- Aprovechar sus emociones elevándolas a ideales altos y exigentes.
- Enseñarlo a aprovechar sus dos fuerzas principales: la emotividad y la actividad.
- Debe aprender a distinguir entre: razón y pasión; voluntad y sentimiento; exigencia y paciencia con los demás.
- Ayudarlo a aceptar con humildad los fracasos, el cansancio, las limitaciones, la debilidad y las humillaciones.
- Debe fijarse más en su intención, bondad, caridad de sus acciones, que en el mismo proyecto.
- Presentarles las realidades sobrenaturales desde la perspectiva de la caridad. Ofrecerle modelos con los que se pueda identificar. Por ejemplo: San Pedro, San Pablo, San Agustín y sobre todo Cristo.
- Darle la seguridad y convicción de estar plenamente interesado y decidido a ayudarlo sin restar sacrificio y esfuerzo, hasta que llega a la meta de perfección que Dios quiere.

- Apoyarse en la formación en su sensibilidad religiosa innata.
- Comenzar formando su docilidad; sin este paso no podrán avanzar.
- Demostrarle siempre firmeza y determinación en la exigencia hasta que logre sus metas.
- Una buena dirección espiritual allanará el camino a una buena confesión; el E-A-S cuando es sincero lo es en todo. Comenzar en la dirección espiritual.
- Su oración debe dirigirse a la acción si es más "activo", pero si es más "emotivo" dirigirlo a la meditación.
- Facilitarle medios y razones para que aplique a su soberbia métodos leales y constantes. Conquistando un espíritu humilde, ya habrá conquistado la mayor parte de sus metas. Cuando acepte las recaídas, fracasos, lentitud en el progreso y momentos cuando no es posible estar "activo"; que entienda que él está al servicio del plan, no el plan a su capricho.
- Es importante que reconozca y acepte las cualidades de los demás, aun cuando le superen; también el mal trato que suele dar a otros. Cuando lo acepte, ya lo supero.
- Es importante que deje de juzgar y vivir con mucha pureza de intención.
- Aconsejarle que no emprenda ningún proyecto que supere sus posibilidades; sería lo mismo que comenzar a alimentar su soberbia.
- Insistirle que evite el exceso de emotividad, la resonancia secundaria.

TEMPERAMENTOS DEL GRUPO "nE-A"
EL CARÁCTER SANGUÍNEO (nE-A-P)

1. Descripción Psicológica

El carácter _no-emotivo/activo/primario_, vive para el presente; carece de motivación. Es un temperamento que mientras está ocupado, es feliz. Evita el compromiso.

A) _no-Emotivo/activo/primario:_

Debido a la **"no-emotividad"**, el sanguíneo no experimenta resonancia emocional fuerte ni impulsos internos de peso. Para contrarrestar el vacío interior y la falta de intimidad, dirige su atención al mundo exterior. Es el temperamento más extrovertido. Aunque entra de lleno en las cosas del mundo, permanece pasivo y sereno como un espectador.

Por ser **"activo"**, sabe que puede ventilar sus limitaciones dejándose llevar de su acción. Se deja absorber por los eventos de la vida. Sabe adaptarse de forma admirable a las distintas circunstancias y lugares. Es muy curioso, quiere conocerlo todo; tiene el carácter para estar en todo y entre todos. Una de sus características es el amor a la vida.

Al ser **primario**, vive en el momento presente. Es como esclavo del presente y no sabe cómo transcenderlo. No es que viva el momento presente ni con la emoción que trae, sino que el momento presente lo vive a él. No se detiene a ver las cosas y situaciones como son; ve todo como objetos que le aportan algo. Es un temperamento fríamente extrovertido. Tiende con extremada facilidad a los placeres sensuales; cuanto más inmediatos, intensos y pasajeros, para que no se comprometan, mucho mejor.

B) Conciencia

El individuo de carácter *no-emotivo/activo/primario* de **"apertura amplia"**, es más dócil y flexible que el *no-emotivo/activo/primario* de estrecha apertura, también más reflexivo. Permite que se le ayude y toma inteligente decisiones con sentido práctico; es dócil para aplicar los medios que se le aconsejan con el fin de dar unidad a su vida. Su apertura de conciencia suple un poco lo que no le ofrece su falta de emotividad. Es menos vanidoso que el sanguíneo de conciencia estrecha, también más ordenado en su "actividad".

La persona de carácter *no-emotivo/activo/primario* y **"estrecha apertura"**, busca y sigue sus intereses con insistencia y fuerza, pero es inconstante. Es poco reflexivo. Es terco; ante los demás es calculador, suspicaz, egoísta y frio frente a la miseria ajena. Carece de apegos emocionales. Es escéptico y positivista. Es vanidoso y frio en sus relaciones con las personas. Es más aceptado que su tipo con conciencia amplia.

C) Inteligencia

La inteligencia del "nE-A-P", se fija en las cosas aisladas dado que sus impresiones son primarias. Su inteligencia reacciona con prontitud y rapidez, pero no es impulsiva por la falta de "emotividad". Es una inteligencia intuitiva, analítica, práctica, rápida, clara y precisa; pero carece de profundidad. Sus pensamientos y comentarios son siempre sobre el presente. Es apto para los estudios experimentales.

Está más inclinado a las ciencias técnicas que a las abstractas. Capta la esencia de las cosas y circunstancias. Tiene dones para la música y para la improvisación. Se manifiesta con objetividad, pero no es consistente con la verdad.

2. Cualidades

Su cualidad dominante es el valor de lo útil, y el éxito en el campo social; lo motiva la satisfacción que le da y su vanidad. Se fija más en la superficie que en el fondo de las cosas.

- Es activo, ágil, efectivo, optimista, extrovertido, deportista, muy práctico, trabajado, educado, pacífico, sociable, flexible, conciliador y seguro en sí mismo.
- Busca siempre la harmonía y vivamente se pone él mismo en contacto con las realidades externas.
- Tiene curiosidad sobre lo sobrenatural. Trata a la religión con respeto y la analiza intelectualmente, a pesar de que haga bromas contra la religión.
- Lo poco que hace lo hace bien y fielmente.
- Se interesa en la liturgia y lo relacionado con la religión.
- Con gusto frecuencia toma parte en actividades comunes, pero por atraer la atención hacia sí mismo.
- Se inclina al sacrificio, siempre y cuando atraiga un resultado inmediato.
- Posee un conocimiento del ser humano, gracias a su sentido de observación y reflexión.
- Es buen organizador. Conserva la calma en momentos de dificultad. Sabe esperar las cosas con paciencia. Es objetivo, claro y rico de iniciativas.
- Percibe los problemas con prontitud y sabe dar las soluciones necesarias y precisas.
- No le gusta la soledad, no es agresivo. Es indiferente de los demás y sus cosas.
- No le importa la vida de los demás o lo que piensan de él.
- Se interesa más sobre el tema de la conversación que la persona con quien habla.

3. Defectos

- Egoísta, soberbio, duro, avaro, oportunista, superficial, sensual, burdo, vulgar, curioso, escéptico, mundano, crítico, sarcástico, cínico, calculador, utilitarista, desvergonzado e irrespetuoso con las emociones religiosas de otros.
- Carece de fuerza interior, indiferente, frio y superficial.
- Extremadamente seguro de sí mismo.
- Pobre espiritualmente.
- Carece de reflexión, contemplación y apreciación de la naturaleza.

4. Manifestaciones Psicológicas según el Sexo

La Mujer: Su actitud es positiva; es tranquila, pero no muy afectiva. Tiene una actitud alta para adaptarse. Su afabilidad y amistad están basadas más en un don que en amor. Tiene el don de acoger a los demás y acercarse a ellos con afabilidad y calor humano. Tiene más interés en las cosas concretas que existan los sentidos. Tiene apego al dinero. Es versátil y trabajadora; su trabajo lo realiza inteligentemente, pero trabaja con irregularidad, porque busca resultados inmediatos. Su espiritualidad es difusiva y tiende a ser racionalista.

EL Hombre: Estable, de buen espíritu, alegre, tranquilo, curioso, optimista, muy egoísta y vanidoso, disciplinado cuando lo toman en cuenta o le están prestando atención; solo se descuida y cae en faltas serias. Es pragmático, utilitarista. Le gusta vivir con intensidad lo mundano. Le atrae la ciencia y el trabajo práctico, pero espera resultados inmediatos. Carece de ambición sana.
Tiene deseos de instruirse y aprender, pero es inconstante.

5. Actitud del Educador y del Director Espiritual

No le interesa tener un amigo o modelo a imitar porque tiene bastante confianza en sí mismo, seguridad y le gusta ser como es. Le interesan ideas claras y concisas. Busca una persona con experiencia, no un amigo que lo anime. Su actitud inicial será de defensa, pero sin herir o críticas hacia su educador. No guarda rencor cuando se le corrige; tampoco irá a contarlo a los demás.

Lo primero que hará el educador es ganara la confianza del sanguíneo; y evitar las motivaciones frías y monótonas, sino presentándose como un educador útil, seguro y experimentado. El "nE-A-P" busca solo lo práctico, útil y un beneficio inmediato.

El educador analizará con cuidado la mejor manera de ganarse el apoyo dócil del sanguíneo, pues cada sanguíneo abrirá las puertas de su espíritu de manera diferente. Fundar su acción y motivaciones, no en el sentimiento y la emoción, en lo práctico e inteligente.

El sanguíneo sabe que tiene necesidad de ser guiado hacia estilos de vida más elevados, que le ayudarán a tener más éxito en la sociedad; también sabe que debe alcanzar nuevas metas para protegerse de sí mismo.

¿Cómo educar su carácter?
- Entiende la obediencia con claridad, pero fríamente.
- No le interesa el apostolado, porque no le interesan las personas en sí, se interesa a sí mismo.
- Es uno de los temperamentos más difíciles, delicados y complejos de educar y formar.

- Es bueno comenzar a educarlo desarrollando su emotividad. Recordar que el sanguíneo es frio y primario. Cuanto más joven se empieza a educarlo, más garantías de éxito. De mayor también cooperará, pero nunca dejará de ser un reto. No desanimarse.

- Al tratar de hacerlo más sensitivo, reaccionará con frialdad e indiferencia. Sin embargo, al constatar que la gente lo rechaza por su egoísmo, y él busca ser aceptado; el educador encontrará en esta realidad una motivación para que coopere. Ayudarlo que acompañe su extroversión sin egoísmo. Acercarlo a un ambiente donde descubra los beneficios de vivir valores elevados y cómo enriquecen el alma. Evitar que se involucre en un ambiente demasiado serio y triste.

- Que experimente la intimidad con los demás. Las emociones espirituales son una gran ayuda para los temperamentos sin emoción y primarios. En lo espiritual experimentará la vivacidad de la vida y su colorido, con todo lo que lleva de misterio, lo cual despertará su curiosidad e interés. Consecuentemente buscará una meta que lo lleve al compromiso, y no simples deseos.

- Educarlo en el deseo de amar y amistad. La experiencia del amor lo cambiará.

- Usar la razón y la lógica en vez de correcciones y reproches. Él sabrá sacar las conclusiones y su cooperación será más personal y con convicción.

- No engañarlo ni aparecer sospechoso; por ser intelectual, se sentirá manipulado y su vanidad pondrá resistencia contra el educador.

- Educarlo en la pureza, sabiendo que naturalmente tiende a la sensualidad y con facilidad puede degenerarse y caer en faltas serias. Educarlo usando el miedo y la desconfianza lo empujarán más al mundo sensual.

- Darle razones intelectuales, motivos a la razón esperando que él los desarrolle y reflexione.
- Ayudarlo para que sea consistente con las leyes y los principios; entenderá sanamente que hay consecuencias si quebranta la ley.
- Debe desarrollar el orden en su actividad; significa vivir con un plan metódico y constante. Terminar sus planes de forma perfecta con el fin de fortalecer su voluntad.
- Lo sobrenatural lo debe ver con máxima claridad objetiva. Su vida espiritual debe estar basada en principios no en el corazón.
- Educarlo en el conocimiento del Evangelio, fomentando curiosidad e interés en algo nuevo, práctico que atrae beneficios a su persona.
- Sus penitencias y piedad que sean obras de misericordia, antes que oraciones.
- Sus oraciones deben ser breves. Enseñarle a elevar su actividad al plano sobrenatural. El trabajo de su alma lo hará el Espíritu Santo, por eso confiar en los cambios positivos.
- Que conozca a Dios misericordioso que le desea siempre bien; a Cristo que hace milagros para beneficiar y perfeccionar, con el fin de formar su Iglesia. A la Santísima Virgen como a la Mediatriz de gracias para la Iglesia.
- Su egoísmo frío es natural, para adquirir humildad más que sentirla, él mismo se verá como un fracaso en la vida real, ayudarlo a ver lo bueno con el deseo de provocar sensibilidad.
- Para provocar espíritu de sacrificio y de mortificación, comenzar con sacrificios de los sentidos; pasar a sacrificios de su temperamento. Por ejemplo:

no criticar a las personas; principalmente aquellos de emociones profundas. Cuidar de no matar los pocos sentimientos que tiene.

- Ayudarlo a transformar su natural optimismo en indiferencia y su natural amabilidad en caridad.
- Subrayar los valores del honor, lealtad y sinceridad en la obediencia. No tolerar la menor falta contra estas virtudes.
- Es esencial curarlo de su racionalismo y sentido de independencia.
- Un educador estricto y al mismo tiempo sereno con ideas claras es el educador ideal en lo referente a la obediencia del sanguíneo.
- No dejarlo solo en las tareas formativas, ni suavizarle el cumplimiento de las reglas. Ser severo y claro. Tampoco conviene que se forme solo, sino en equipo.
- No permitir que hiera a los sentimentales o tímidos. Ser severo en estos aspectos para no deformar a otros a costa de la formación de uno.
- Hacerle ver la necesidad de la oración. Pedirle oraciones breves y directas. Las invocaciones breves y sentidas son un gran apoyo.
- El sanguíneo es un reto por sus muchos defectos, pero sus muchas cualidades compensan y las esperanzas de éxito son motivadoras para el educador y el educando.
- El "nE-A-P" posee una inteligencia muy moldeable que le ayuda con eficacia. Por tanto deberá ser formado con ideas muy claras, una disciplina energética y un corazón de padre. De esta forma conocerá mejor las virtudes que debe amar y necesita desarrollar.

EL TEMPERAMENTO FLEMÁTICO
(nE-A-S)

1. Descripción Psicológica

El temperamento *"no-emotivo/activo/secundario* posee la personalidad más sencilla. Presenta poca dificultad para el estudio psicológico. El flemático es calmado, aparentemente indiferente a los eventos externos y a las personas. Se le suele juzgar, sobre todo los que son emotivos, como una persona sin sentimientos, sin corazón y distraído.

Su característica primaria es la objetividad y la regularidad de la vida. Su tendencia a sistematizar y organizar su vida y pensamientos, de acuerdo a las experiencias de su pasado, lo pueden llevar a una vida sumamente ordenada, pero también a un puro formalismo que lo harán cada vez más frío, indiferente y duro con los demás.

La actividad del flemático es sencilla, balanceada y metódica, la razón es su falta de emotividad.

Lo protege, de ser "primerio", su resonancia "secundaria". Su tipo de resonancia combinada con los otros elementos le hacen una de las más ricas personalidades.

No-Emotivo-activo/secundario

Su gran valor y fuerza principal está en la "actividad"

Debido a la **"no-emotividad"**, posee una serenidad que le permite aumentar notablemente el desarrollo de su "actividad". Es una combinación: "no-emotivo" + "activo", que marca su personalidad y la distingue claramente de las demás. Usa su inteligencia para sacar provecho de todo lo que le rodea, de forma que, en sí misma, eleva el valor de las cosas. Es un verdadero intelectual; sin idealismos, muy objetivo.

Por ser **"activo"**, posee una fuente sorprendente de energía que viene a ser como el esqueleto de una personalidad fuerte. Sabe dedicarse a su trabajo con consistencia y método. Su manera de ser y proceder es siempre fría, sin calor humano, pero profunda, vigorosa, tenaz y, sobre todo, práctica y eficaz. Nunca se queda en sueños, añoranzas o planes puramente mentales; todo lo materializa y termina. Es antinatural en el flemático dejar las cosas a medias.

Al ser **secundario**, Su actividad cae en "buena tierra", porque no se desanima con los errores ni las omisiones de los demás; reacciona con espíritu de lucha para lograr lo deseado. Tiene ideas claras y metas precisas, bien definidas. Termina lo que comienza. Actúa con una convicción silenciosa, es reservado y seguro. Se enriquece con el elemento "secundario", su fuerza segunda.

B) Conciencia

El individuo de carácter _no-emotivo/activo/secundario_ de **"apertura amplia"**, su inteligencia abierta lo pone en contacto con el mundo, no tanto por interés humano, sino para satisfacer su curiosidad analítica. Todo lo que le interesa o estudia le roba mucho la atención y esfuerzo. Lo que se le encarga lo toma con mucha responsabilidad. No les es imposible, si le cuesta, ser caluroso frente a los sentimientos de los demás; sabe identificarse con el dolor ajeno y hasta puede decidir ayudarlos. Si hace algo en este campo de los sentimientos, es gracias a la apertura amplia de su conciencia. Llega a ser consciente que todas las personas son diferentes, y que es interesante y enriquecedor relacionarse con los demás.

La persona de carácter *no-emotivo/activo/secundario* de **"estrecha apertura"**, es extremadamente metódica y meticulosa. Vive de hábitos. Detallista, perseverante y conformista. Extremadamente terco, insensible y egocentrista. Frio en sus relaciones con los demás. Habla poco y busca la soledad. Le cuesta adaptarse a lo nuevo y entusiasmarse. Aunque no es negativo, da la impresión de ser hostil.

C) Inteligencia

Es de inteligencia profunda, reflexiva y lenta; con la característica de ser rigurosamente lógica. Se inclina a las ciencias abstractas (filosofía, matemáticas) más que cualquier otro temperamento. Tiene buena memoria y es torpe para el arte. Es objetivo, consistente y fiel más que cualquier otra personalidad

2. Cualidades

Su fuerza está en: la ley, la regularidad, la perseverancia y la aplicación de principios.

- Trabajador,
- Constante y persistente
- Sabe lo que quiere.
- Perseverante, regular, monótono, reflexivo, fiel y respetuoso de los principios y tradiciones.
- Conservador, balanceado, auténtico, organizador y competente administrador.
- Atento a los detalles, profundo de pensamiento, lógico, responsable, bromista, indiferente a los placeres sensuales.
- Espiritual, legalista, disciplinado, ordenado, respetuoso, fiel y sencillo.

3. Defectos

- Insensible, pasivo, taciturno y lento
- Calculador, detallista y metódico.
- Terco, duro de juicio y frio
- Soberbio, orgulloso y sarcástico.
- Líder estricto y severo
- Duro de corazón, cerrado de mente e independiente.
- Insensible a lo espiritual, impersonal, indiferente, tirano y antisocial.
- Inflexible, rebelde, avaro y racionalista.

4. Manifestaciones Psicológicas según el Sexo

La Mujer: Prudente y serena. Se adapta con facilidad. Tiende a ser tradicional; trata de vivir de hábitos. Es sencilla y sobria en sus palabras y trato. Se conforma con los quehaceres del hogar y la vida familiar. Sabe controlar su vanidad. Es lenta e irregular, pero precisa. Sus sentimientos religiosos son tranquilos y monótonos. Cumple sus deberes para con Dios de manera formal y convencional.

El Hombre: Su interés principal es la objetividad y lo social. Le gusta leer, estudiar y la cultura en general. Tiene gran capacidad de trabajo. Es muy constante en la ejecución de sus deberes y proyectos. Sus disposiciones religiosas, más que ser fruto del corazón, son morales, intelectuales y prácticas. Por lo general está calmado, no reacciona con entusiasmo; es lento pero no suave. Busca lo real y objetivo, lo correcto y perfecto. Ofrece más interés a la ley que a la persona. Por naturaleza se auto-disciplina con cierta esclavitud a la forma. Ama el orden y los ejercicios de auto-control y dominio.

5. Actitud del Educador y del Director Espiritual:

La persona que es de temperamento *no-emotivo/activo/ secundario* no le interesa un corazón comprensivo y amigable en el educador, tampoco alguien a quien im itar; ni siquiera le interesa la persona del educador o como actúa. Si le interesa mucho los métodos que le sugieren y los medios que le presentan para mejorar su vida. Educarlo insinuando con ideas que el flemático irá por sí solo desarrollando y aplicando.

La actitud del educador, por tanto, deberá basarse en la inteligencia y principios que el *no-emotivo/activo/secundario* pueda aplicar como base y apoyo de toda su existencia.

¿Cómo educar su carácter?

- Educarlo con la razón. Apelar a su inteligencia para que entienda la importancia de la comunicación e interacción con las demás personas; buscando despertar algún tipo de emoción. Comenzar despertando cualquier tipo de sentimiento noble, y esperar que entienda el mundo emocional.
- Instruir su inteligencia observando los diferentes tipos de actuar, movidos por los sentimientos; esperar que adquiera una actitud de aceptación de los demás.
- El no-emotivo/activo/secundario de conciencia amplia progresará más en el campo de las emociones; será bastante más difícil en el de conciencia estrecha, pues es un esfuerzo que requiere mucha paciencia y tacto.
- Cualquier método para formarlo y educarlo debe hacerse con motivación y no como obligación. El flemático rechazará por sistema cualquier tipo de obligación.

- Ayudarlo a pasar de su mundo intelectual a la realidad.
- Debe ser consciente que el sacrificio en su vida, no debe verse sólo al cumplimiento de la ley y el deber, sino también por el amor a los demás. Tener mucha paciencia con él en este punto.
- Advertirle las consecuencias perniciosas de una vida basada en formalidades, y un obrar "robótico". Esas consecuencias serán dureza consigo mismo, los demás y una exageración fuera de la realidad objetiva.
- La formación espiritual la debe ver, no como unas verdades reveladas, sino como un enriquecimiento intelectual y humano, parte de él; y como un don de Cristo a su corazón para que sea más completo y perfecto, en beneficio de los demás.
- Importante es que tenga interés de bajar al corazón lo que trae en la inteligencia.
- Presentarle medios muy concretos y prácticos para elevar sus ideales e inyectarles sentimiento.
- Presentarle la importancia de los principios, lo que es fácil para el flemático, pero incluyendo la parte transcendente, espiritual y de deber con Dios y los hombres.
- La confesión debe verla, no sólo como el sacramento de perdón y mejoramiento, sino también como reparación a las ofensas hechas a un Dios Padre.
- Sus ideas abstractas debe convertirlas en reflexión personal; así se introducirá sólo en su corazón.
- Ofrecerle responsabilidades en relación con otros, y enseñarle la necesidad de la caridad sin la cual no podrá tener éxito espiritual. La primera exigencia de la caridad es la ausencia de juicios sobre los demás y sus intenciones.

- Al no ser marcadamente sensual, aunque en realidad es más de lo que parece, no puede excluir el sacrificio, pero en la soberbia.

TEMPERAMENTOS DEL GRUPO "nE-nA"

EL TEMPERAMENTO AMORFO (nE-nA-P)

1. Descripción Psicológica

Las personas con el temperamento *no-emotivo/no-activo/primario* son muy diversas a las de otros temperamentos. No son emprendedoras y, por lo general, están menos dotadas. Las fuentes de em otividad y actividad son muy pobres. Por la ausencia de estos elementos, son pasivas. Por la resonancia "primera", viven el presente con gran pasividad, contrario al apático que vive su pasividad como un hábito.

Los "amorfos" carecen del impulso espiritual. Son personas inteligentes que carecen de dones, y les sobra "pasividad" por eso les cuesta desarrollar sus talentos y crear defensas. Carecen de sensibilidad. Tienen muy pocas probabilidades de debilidad o enfermedades mentales.

Una persona amorfa es floja por naturaleza. Egoístamente goza el presente con una vida ausente de sentimientos, actividad y responsabilidades.

A) No-*emotivo/no-activo/primario*

Debido a la **"no-emotividad"**, carece de ideales y de acciones nobles. Es insensible, vacío en su interior, egoísta y pasivo. Su preocupación es vivir bien el momento presente.

Por ser **"no-activo"**, su entusiasmo es nulo. Es muy perezoso.

81

Al ser **primario**, vive el momento presente de manera superficial y dejándose influenciar por el medio ambiente.

B) Conciencia

El individuo de carácter *no-emotivo/no-activo/primario* de **"apertura amplia"** es indeciso e indiferente. Es dócil, ingenuamente optimista, conformista y pasivo.

La persona de carácter *no-emotivo/no-activo/primario* y **"estrecha apertura"** es la más inerte y floja de todos los temperamentos. Es esclava de su sensualidad. Es egoísta y dura; se aísla de la sociedad y los sentimientos religiosos. Descuida su presencia física, su higiene y es muy desordenada.

C) Inteligencia

Es una persona práctica y vivaz. Le cuesta analizar con lógica. Es muy limitada en las ciencias abstractas, y en captar lo esencial en general. Está fuertemente atraído a los problemas de "aquí" y "ahora". Tiene talento para la música y el teatro. No es consistente ni auténtica en sus expresiones.

2. Cualidades

Su **valor dominante** es su habilidad para gozar.

- Es dócil, fácil de tratar y cae bien, pasivo, calmado, objetivo, buen actor y músico. Es inteligente y prefiere los deportes en equipo. Respetuoso con otros y con la religión. Su oración suele ser de "petición". Muy fácil de satisfacer y contentar.

3. Defectos

- Es perezoso, frágil, egoísta, irresponsable, sensual, impuntual, sin ideales, impráctico, frío, cruel y muy pasivo. Es duro de juicio; se contenta con poco y fácilmente se le puede ayudar en la adversidad. Carece de aspiraciones y está a gusto viviendo en la mediocridad. Es superficial y fácil de influir para bien o para mal.

4. Manifestaciones Psicológicas según el Sexo

La Mujer: es tranquila, calmada, fría, negligente. Su presentación carece de detalle y cuidado. Le falta iniciativa. Le basta estar en ambientes sociales. No tiene mucha personalidad. Tiende a lo práctico y fácil; le atrae lo agradable. Es de condición física frágil. Se distrae con facilidad y es débil en general. Es más espiritual que el hombre amorfo. Es indiferente al ambiente, pero depende de lo que le rodea.

El Hombre: es perezoso, indiferente y pasivo. Vive el momento presente. Es desordenado e indisciplinado. Es sociable; no influye en los demás y aporta poco. Su prestigio y personalidad son pobres. Es egoísta y sensual. Es flojo y superficial para las cosas del espíritu.

5. Actitud del Educador y del Director Espiritual

Ofrecerle consejos claros, oportunos, con una postura amable que inspire confianza. Ser muy firmes con este temperamento; hay que estarlo animando constantemente.

¿Cómo educar su carácter?

- Enseñarle ser fuerte de carácter y luchar por la virtud.
- Aceptarlo como es, no querer que se interese por ideales u otros valores.
- Nunca abandonarlo por la dificultad en formarlo, la lentitud en el progreso o por fracasos iniciales. Se puede lograr cierto orden, presentándole medios atractivos de formación.
- Llevarlo a diferentes metas y objetivos nuevos que son fáciles de lograr.
- Ayudarlo a conocerse a sí mismo tal cual es. Sus defectos y cualidades; peligros y tentaciones.
- Tiene que experimentar el placer de haber triunfado.
- Usar un método constante, activo, concreto y retos atractivos, breves y muy específicos. No ofrecerle retos duraderos, recordar que vive el presente.
- Debe tener una vivencia espiritual sencilla. Llevarlo a grupos de oración o apostolado y nunca dejarlo solo.
- Ser muy firme con él en lo referente al orden, la puntualidad, distinción y disciplina. Sin desanimarse por los logros pobres y ausencia de progreso aparente. No aceptar excusas.
- Integrarlo en programas educacionales del momento con resultados del día e inmediatos.
- No darle metas difíciles.
- Insistir en el aspecto externo de la vida espiritual.
- Educarlo para que rompa la monotonía en su vida.
- Usar un lenguaje claro, preciso y fácil poner en práctica.
- Presentarle a Dios como la autoridad suprema; como la Providencia que distribuyen gracias y beneficios.

- Sus sacrificios y abnegación ascética, aunque pequeña, debe comenzar en el control de su cuerpo y sentidos.

EL TEMPERAMENTO APÁTICO (nE-nA-S)

1. Descripción Psicológica

Las personas con el temperamento *no-motivo/no-activo/ secundario* se caracterizan por la pereza que les atrae una melancolía dramática. Se mueve por la rutina. Es conservador; un esclavo de las tradiciones y costumbres. Muestra regularidad y dignidad, pero carece de vida interior y "actividad". Es una persona que tiende a ser anti-social, pesimista y enfermiza con manías. Es sincera, honorable y digna de confianza.

Al morfo lo protege el elemento primario, ayudándole a olvidar y despreocuparse de consecuencias futuras o repercusiones pasadas. Al apático el elemento secundario le trae melancolía, pesimismo; una especie de depresión temperamental que los hace sufrir.

A) No-*emotivo/no-activo/secundario*

Debido a la **"no-emotividad"**, es insensible, pobre de sentimientos. Es indiferente, negligente, egoísta, carece de vida espiritual, tranquilo e inclinado a abandonarse a una melancolía fría.

Por ser **"no-activo"**, es escéptico al esfuerzo y al valor del trabajo, es indolente y flojo; le falta iniciativa. No sabe cómo adaptarse a las circunstancias; vive al refugio de la monotonía y las formalidades. Da la impresión de ser monótono.

Al **ser secundario**, Basa su vida en lo rutinario. Se aísla en su monotonía tranquila y terca. Una vez que ha adquirido un hábito, no lo dejará y la perseverancia le será natural.

B) Conciencia

El individuo de carácter *no-emotivo/no-activo/secundario* de **"apertura amplia"** ama la serenidad, la tranquilidad y la monotonía de la vida. Se enfrenta a los peligros, las adversidades y las contrariedades sin alterarse ni excitarse. Por naturaleza se adapta a las normas y las costumbres.

La persona de carácter *no-emotivo/no-activo/secundario* y **"estrecha apertura"** es indolente y negligente. Es una persona esclava de los hábitos y lo regular. Se concentra en los detalles. Es perseverante y tiende a convertirse en un conformista. El temperamento apático es el más terco, testarudo de todos. El apático tiene facilidad a convertirse en un ser insensible y egoísta.

C) Inteligencia

La inteligencia propia de este temperamento es buscar lo concreto y enfocarse en ello. No se adapta fácilmente a lo abstracto ni al pensamiento teórico. Una persona apática es muy indiferente a la metafísica y a cuestiones o problemas religiosos o sociales. Carece de aptitudes para lo artístico. Sin embargo, tiene habilidad para expresarse de si mismo y sus cosas. Es una persona auténtica, pero inconstante.

2. Cualidades

Su **valor dominante** es la serenidad y la calma, pero desde el punto de vista frio y de una vaciedad interior

- Postura de constante estabilidad en su humor.
- Sentido profundo del honor.
- Digno, sincero, honesto, discreto, reservado, leal.
- Amante de la soledad y del silencio.
- Metódico en la práctica de su piedad.
- Fiel a los deberes.
- Tranquilo, pacífico y respetuoso.
- Estable por depender de hábitos adquiridos.
- Sacrificado y con una actitud conservadora.
- Inclinado a conservar lo necesario y disciplinado.

3. Defectos

- De mente sin reacción o inercia.
- Rutinario, mecánico y monótono.
- Es un alma terca, independiente, pesimista, envidiosa, introvertida, rencorosa, egoísta, avara, cruel y con un corazón duro.
- Inclinado a lo carnal, buscando el placer solo.
- Mucha pasividad e inacción.

4. Manifestaciones Psicológicas según el Sexo

La Mujer: es indolente, carece de entusiasmo y es muy pasiva. Su tristeza es "negra" y vacía tranquila. Vive de costumbres. Carece de actividad y vive encerrada en sí misma. Complica las relaciones con los demás. Es egocéntrica y cede con facilidad. Es pesimista y siempre está fatigada (especialmente de la mente), pero es más piadosa que el temperamento amorfo, aunque más por tradición y educación que por convicción.

El Hombre: Tiende a encerrarse en sí mismo; carece de interés por lo social y relacionarse. Cae bien y se le acepta socialmente, pero esta área le es indiferente. Obsesivamente pasivo y protegiéndose con la testarudez. Es calmado, frio y aburrido. Ignora la piedad.

5. Actitud del Educador y del Director Espiritual

Trabajo duro, exigente, paciente, afectivo, firme y metódico.

¿Cómo educar su carácter?

- Comenzar con mucha paciencia, y no desanimarse por los resultados que serán negativos al inicio.
- Siempre animarlo y demostrarle mucha confianza y aprecio por lo que es.
- Crear desde el inicio un ambiente de afabilidad, apoyo, caluroso y comprensión.
- Enseñarlo a trabajar en equipo. Mostrarle tácticas para aprovechar el tiempo. No debe perder el tiempo y convencerse que es posible.
- Debe aprender gradualmente a interesarse por los demás.
- Su piedad debe estar motivada por el amor y la misericordia de Dios. Debe aprender a amar a Dios y a los demás. Instruirlo para que confíe en Dios; su oración debe ser sentida más vocal.
- No ofrecerle grandes metas o elevados ideales.
- Tener siempre en mente lo relativo de sus cualidades, para ser eficaz al exigirle. Principalmente cuando son muy jóvenes.
- Observarlo bien para ver cómo reacciona y avanza.
- Con tacto enseñarle sus puntos débiles y que conozca su resonancia "secundaria", como algo que lo hace sufrir, pero que es su fuerza.
- Ayudarlo a formar hábitos, no mecánicamente, sino con sentido.

- Con exigencia ayudarlo a que combata la avaricia.
- Con paciencia llevarlo a que forme sentimientos, dependa del corazón; y la importancia de mortificar sus sentidos externos.
- Limitar su libertad en relación a la autoridad y las ordenes que se le dan, para que viva con responsabilidad basada en el amor.
- Un apático depende mucho del medio ambiente, porque la riqueza externa sustituye su pobreza interna.

SUPLEMENTO:
ALGUNAS OBSERVACIONES SOBRE LAS DIFERENCIAS ENTRE EL HOMBRE Y LA MUJER.

1. El hombre tiende a ser ego-céntrico, a ver circunstancias y personas en relación a sí. La mujer es más expansiva, tiende naturalmente a proyectarse con lo que le rodea y a identificarse, como extensión de sí misma, con lo suyo, las circunstancias, personas y emociones. Al hombre le basta que las cosas sirvan. La mujer busca mejorarlas

2. El hombre es pragmático, busca la eficacia, los resultados; se fija en las partes para beneficiar el todo y dar soluciones. La mujer prefiere mirar el todo, no se contenta con lo parcial; confía en su intuición y le cuesta distinguir las "partes". Por ejemplo una infidelidad en el hombre es algo aislado y se puede corregir pidiendo perdón y olvidando. En la mujer la infidelidad rompe toda una vida y afecta la totalidad del matrimonio, la familia, el pasado, presente y futuro. El perdón para que valga debe manifestarse más alla de un acto, debe abarcar todo.

3. El hombre es objetivo y analítico. Prefiere enfrentarse a la realidad como un temperamento primario por la impaciencia en lograr sus metas. La mujer es intuitiva y sentimental. Tiende ver la vida como un temperamento secundario; se le dificulta olvidar, cambiar emociones, desentenderse del pasado o despreocuparse del futuro.

4. El hombre es racional; más mente que corazón. Le gusta decir las cosas breves, claras y una sola vez.

91

La mujer afectiva; más corazón que razones. Le gusta alargar las cosas, es fácil que las complique y las comente varias veces.

5. El hombre busca éxito. Su independencia significa poder, eficiencia y superioridad. Para el hombre pedir ayuda puede revelar debilidad. La mujer encuentra el éxito en la fuerza de sus sentimientos y la capacidad de relacionarse. No le interesa la independencia, ve como propias las necesidades ajenas y busca intervenir.

6. El hombre crece en relaciones buscando provecho propio en los negocios, compartiendo sus logros y para aprender de los otros en el deporte y para divertirse. La mujer crece en relaciones conversando.

7. Al hombre le gusta controlar para sentirse seguro y elevar su autoestima. A la mujer le gusta controlar para ayudar y facilitar a los demás su manera de vivir.

8. Al hombre le gusta mantener, apoyar, solucionar; ser necesario, consultado, admirado e indispensable. A la mujer le gusta ser apoyada, aceptada, preferida, amada, comprendida, tomada en cuenta. La mujer puede dar más, prolongar su sacrificio y donación. Espera menos y da más.

9. El hombre es incapaz de sustituir a la madre de sus hijos. La mujer puede funcionar como papá y mamá sustituyendo al esposo en el hogar.

10. Al hombre es difícil interpretarlo en sus palabras y silencio; tiende a encerrarse en sí mismo hasta

encontrar la solución. La mujer piensa en voz alta. Comunica sus emociones para que se le comprenda, no para que se le dé una solución eficaz y práctica.

11. El hombre necesita acercarse para poder retirarse sin explicación. Suele pasar de la serenidad a la debilidad de su enojo. La mujer busca el acercamiento (con frecuencia cuando él se está aislando) como solución a su vacío, su debilidad o confusión. Suele pasar de la serenidad y paz a la tristeza hasta sentirse injustamente ofendida.

12. El hombre busca ser respetado tanto como la mujer busca ser amada.

13. El hombre tiende a "masculinizar" o rebajar los valores de la mujer robándole su feminidad (que no sienta, que perdone y olvide, que ignore sus emociones, que se despreocupe de los demás). La mujer tiende a "feminizar" o transformar al hombre con características de mujer (atención maternal a los hijos, conversación, piedad, expresar emociones).

14. El hombre busca la posesión e idealización de los hijos. La mujer busca transferir los hijos el amor incondicional debido al esposo.

15. El hombre se desliga de sus emociones pasadas y le interesa olvidarlas. Al hombre le cuesta recordar. La mujer liga su memoria a sus emociones que permanecen en el todo de su vida y le es imposible olvidar. A la mujer le cuesta olvidar.

16. El hombre manifiesta introvertidamente su amor a la familia con el trabajo, la sobriedad, la templanza y la perseverancia; pide para sí el mismo tipo de manifestación, (respeto, limpieza y orden de la casa, comida y ropa). La mujer manifiesta extrovertidamente su amor a la familia con expresiones de afecto y objetos significativos de su amor, (caricias, miradas, regalos, sorpresas, atención personal).

17. El hombre expresa su piedad y religiosidad a través de obras de caridad, (donativos, servicios voluntarios, organizar eventos parroquiales). La mujer expresa su piedad y religiosidad a través de novenas, oraciones, devociones y ayuda al necesitado.

18. El argumento final del hombre para defender su egoísmo irracional es el enojo explosivo y los gritos. La mujer usa las lágrimas incontroladas como su último argumento irracional.

19. El hombre experimenta principalmente debilidad en el control de la templanza; dominio de los ojos y la lujuria en general. La mujer es más débil frente a la impaciencia, la envidia, la crítica y los pecados de la lengua.

20. El hombre generalmente identifica una buena conciencia con el cumplimiento del deber y la ley. La mujer identifica una buena conciencia con la perfección en los detalles y un corazón delicado y compasivo.

21. El hombre eleva su autoestima y se auto-vitaliza con la estabilidad del hogar, el éxito en el trabajo o las cualidades de la familia. La mujer eleva su

auto-estima y se auto-motiva enriqueciendo a su hogar y a los demás con su sacrificio y trabajo.

22. El hombre necesita retos para seguir venciendo y creciendo. La mujer necesita perfeccionar las victorias para seguir creciendo.

23. El hombre es más exigente con los demás que consigo mismos. La mujer es exigente consigo misma y más exigente con los demás por su deseo de perfeccionarlos.

24. El hombre suele copiar e identificarse con el papá, pero es la mamá quien lo influye y controla más. La mujer tiende a identificarse y copiar a su mamá, pero la limita e influye más el hombre.

25. A veces sucede que la mujer interpreta las infidelidades como ofensas directamente personales a ella, a la familia y una traición a los sacrificios por el hogar. El hombre interpreta las infidelidades como debilidades aisladas que no entiende como pudieron suceder.

26. Cuando la paciencia y las ofensas han llegado a su límite, la mujer busca terminarlo todo. Al llegar al límite el hombre pide recomenzarlo todo.

27. La mujer juzga la mala conducta del hombre como egoísmo infantil. El hombre juzga la mala conducta de la mujer como reacción emocional.

28. La mujer necesita el apoyo del hombre para vivir en paz. El hombre necesita el apoyo de la mujer para ser feliz.

EJEMPLOS FICTÍCIOS DE SITUACIONES AMBIENTALES EXPRESIÓN DE LOS TEMPERAMENTOS.

Caso 1.

"Pancho". Es Nervioso **(ENAP)** Responsable de personal y trabajo en una empacadora.

"Pepe" Es Amorfo **(NENAP)** Empleado, bajo la responsabilidad de Pancho.

Pancho es el capataz en una empacadora, pero depende muy cerca del Director de la Sección que él revisa. Pancho era un empleado que subió de puesto gracias a su temperamento alegre, corazón sensible y sus cualidades sociales. A todos les cae bien. Su responsable inmediato sabe que Pancho no es constante en su trabajo, pero le cae bien y le conviene tenerlo de capaz porque en general los demás empleados lo aceptan y escuchan. Por su parte Pancho es convenenciero, festejaba las aventuras que le cuenta su jefe y se ríe de sus chistes. Pancho no puede ver a Pepe, todo lo que hace le molesta y se lo deja saber. Pancho no puede aceptar la pereza e indiferencia de Pepe, cada vez que lo ve, lo regaña con o sin razón, y si puede ser en público mejor.

Pepe, sin saberlo compite con Pancho en alegría, amistades y trato agradable. Pepe, al igual que Pancho, los dos son "no activos-primarios", tampoco es responsable en su trabajo. Se diferencia de Pancho en que es calmado, no se emociona pero sabe cómo pasar bien el momento presente y vivir relajado.

Pepe no aguanta el maltraro injusto que recibe de Pancho. Discuten todo el tiempo y buscan hacerse daño. Pepe, siempre sale perdiendo porque es el empleado y Pancho su jefe inmediato. Cada altercado Pepe quisiera deshacer a Pancho. Sin embargo, no le dura mucho el disgusto, se le pasa y parece que se olvidan las humillaciones que recibió y los gritos que le dio en público. Los demás empleados no entienden como aguanta tanto y sigue viviendo feliz y tranquilo.

Parte del problema entre Pancho y Pepe es la semejanza de temperamento; sólo se diferencian en que uno, Pancho, es emotivo y Pepe no lo es. Los dos son alegres, sociales, extrovertidos, sensuales, flojos, pero la emotividad de Pancho le hace duradera la envidia y la pasividad de Pepe, pues él es responsable del trabajo de la empacadora. La resonancia primaria de los dos es lo que ha prolongado el problema.

SOLUCIÓN

El conocimiento de los temperamentos les ayudaría a conocerse a sí mismos y entre sí. Pepe apelaría a la generosidad natural y sentimientos religiosos y compasivos hasta el grado del sacrificio propio de los de temperamento nervioso. Al mismo tiempo le sería más fácil ser paciente con la actitud exagerada e impulsiva natural de su capataz.

Pancho aceptaría a Pepe como es; en vez de querer cambiarlo, se fijaría en las cualidades naturales de los amorfos: ser práctico, muy dócil, lento, de corazón suave que no sabe guardar resentimientos y enojos. Lo ayudaría mucho con los demás empleados, porque juntos mantendrían al equipo de trabajo alegres, positivos, trabajando en un ambiente sano y productivo que los beneficiaría a los dos para ser más estables en la empresas y subir de puesto.

Caso 2.

Esposo, Colérico (**EAP**).

Esposa, Apática (**NENAS**)

Situación, Pasó muchos años alcohólico, violento, carácter duro, independiente, muy soberbio, hiriente, trabajador, vengativo. Dejó el alcohol por sí solo; se convirtió, vuelve fervorosa y fanáticamente a la Iglesia, busca celosamente el bien de la familia con las características del colérico. Hizo sufrir mucho a la esposa. Lo aguantó apoyada por su fe. Ahora él la quiere santa y convertida como él, a su manera, según sus devociones y practicando lo que a él, no a ella, le ayuda para vivir la fe.

Él exige lo mismo al resto de sus hijos que están comenzando a ser adultos. A nadie en la familia le interesa la fe con la intensidad del papá. La esposa responde con indiferencia a las "predicaciones" del esposo; una mezcla de sentimientos de venganza por todo lo que él la hizo sufrir y por tener un temperamento apático muy distinto al esposo.

Ella es secundaria y ya lleva una vida habituada a un ritmo que no va a cambiar, mucho menos por él, quien jamás hizo caso a sus múltiples súplicas de curarse el vicio del alcohol. Él, colérico no acepta la ceguera espiritual a lo que él ve tan claro y ha tenido la fuerza de librarlo de sus vicios. Si él sí puede, ¿por qué los de su casa no pueden? Tampoco necesita un terapista o consejero espiritual como se lo sugiere su esposa.

Es una casa con mayores conflictos que cuando bebía. Un ambiente de continuos pleitos. El hijo de 20 años no aguantó y se fue de la casa.

SOLUCIÓN

Es muy clara la diferencia y distanciamiento que causa dos temperamentos totalmente opuestos: él es emotivo y ella no. Ella no es activa y él sí. Él es de resonancia primaria y ella secundaria.

La diferencia tan grande entre los dos, es un elemento positivo para las relaciones y la perseverancia, porque se complementan y enriquecen constantemente. Ella ha sabido aprovecharse de ser secundaria para no dejarlo, y su falta de emotividad junto con la resonancia primaria han cooperado para poder aguantar el vicio de su esposo. Con un poco de humildad de parte de él haría a un lado su resonancia primaria que lo lleva querer resultados inmediatos en la fe. Tampoco le ayuda su emotividad y soberbia, pues debería respetar la piedad primaria de la familia.

Le cuesta ser paciente y comprensivo, porque al lado de haber dejado el alcohol, todo lo demás es sencillo en los demás.

Caso .3

Esposo: Él es Sanguíneo (**nEAP**)
Esposa: Ella es Pasional (**EAS**)
Años de casados: 17
Familia: Dos niñas de 12 y 14 años de edad

Situación: Los dos trabajan. Ya no comparten el lecho, pero siguen juntos por razón de las hijas. Ella sufre de celos, porque lo descubrió siendo infiel con dos mujeres distintas, quizá más. Antes de casarse la fornicación fue parte del noviazgo entre los dos. Ella quedo embarazada y abortó motivada por él, ella estuvo de acuerdo y cooperó.

Ambiente familiar:

El esposo es un hombre trabajador, sociable, extrovertido y con un gran sentido del humor. Cae bien a todos. No es rencoroso, no tiene enemigos. Ama sinceramente a su esposa y a sus hijas. Las niñas lo quieren y les gusta estar con él, las divierte. Su manera de ser es lo que, en un inicio y en su juventud, atrajo la atención y el amor de su esposa. Es noble y le cuesta entender por qué su esposa, no le cree cuando le dice que cambiará o por qué no lo perdona y no trata de volver a confiar en él olvidando sus infidelidades.

Por el lado negativo del esposo, se ven las características de un Sanguíneo: vive para el presente, su debilidad son los placeres de la carne, le cuesta vencer la pereza y las tentaciones del abuso del alcohol; es un hombre carente de emociones y de perseverancia.

La esposa es una mujer responsable, ordenada, detallista, inteligente, perseverante. Se basta a sí sola para llevar a cabo sus deberes y a su familia. Es muy sensible, le cuesta olvidar, aunque hayan pasado años, las ofensas o los beneficios recibidos. Todo le afecta, a todos quiere cambiar. Es una líder innata.

Los rasgos negativos de la esposa es ser muy independiente, soberbia, le cuesta entender al fracasado, al inconstante. Las dificultades le espolean los ánimos y la retan a superarse, tiende fuertemente a controlar.

Situación del hogar: Están a punto de divorciarse, a pesar del daño que saben harán a las hijas.

Según él: ya está cansado del exagerado control que su esposa ejerce sobre él. Si no es y hace las cosas como ella quiere; lo corrige, lo humilla y le falta el respeto, aunque ella no entiende cómo, pues, según ella, siempre tiene la razón y dice que lo hace por su bien. El nerviosismo de su esposa es contagioso; todos en casa andan alterados, nerviosos, preocupados. Le da más importancia al orden, limpieza y detalles de la casa que a él o a la tranquilidad de sus hijas. Quiere que todos sean y hagan como ella.

"Mi mujer tiene unos celos enfermizos y al mismo tiempo dice que no me quiere. ¿Quién la entiende?" No confía en mí para nada, me ofende cuando me separa de la compañía de las niñas, no puedo estar solo con ellas, se imagina lo peor".

"Sin saberlo me empujó a la infidelidad, ¡Porque ya estaba harto! Siempre me está indicando que hacer y qué hice mal. No deja de insistir que vaya a Misa, cuando ya le dije claramente que no iré. Se niega a dormir conmigo, por eso caí en la infidelidad. ¡No entiende a los hombres! Ella sola educa a las niñas, yo no me puedo meter; todo lo malo es por mi culpa. No me cree cuando le pedí perdón y le prometí nunca más serle infiel. Es aburrida, se despreocupa de su persona; sólo le interesa su trabajo y que todos vivamos amargados como ella. No sabe reír, divertirse; teme todo tipo de peligro para ella misma y la familia. No es una mujer normal. Le he pedido que no me lo recuerde ni chantaje mis infidelidades, pero cuanto más le digo, más me lo echa en cara. De todo tiene celos y me culpa de todo."

Según ella: ya no lo aguanta. Sufre al pensar otros 17 años con él. "No hace nada de lo que le digo, aunque siempre termina pagando las consecuencias. Bebe demasiado. Me prometió que no volvería a traicionarme y lo hizo, es un mentiroso. Delante de los demás es un tipazo, alegre y social. ¡No lo conocen! Yo sé su verdadero "Yo" por eso sufro. Nunca se dónde anda, llega a la hora que quiere y no me avisa. Ha perdido el trabajo 3 veces y yo soy la que termina pagando las deudas. Las niñas se dan cuenta de todo y viven angustiadas por lo que le pueda pasar a él y a la familia. No da muestras de cariño, se despreocupa de mí, pero eso sí, cuando quiere intimidad... ¡Soy un objeto para él, no su esposa. Me siento usada! Viene de una familia disfuncional y eso le sigue afectando. Nuestro matrimonio ha sido un infierno desde el inicio, nos casamos por las razones equivocadas, Estoy educando sola a las niñas..."

El choque de temperamentos:

Las cualidades de ella, por su temperamento pasional, oprimen a su esposo, de temperamento sanguíneo. Ella tiene una ventaja con su "resonancia secundaria" y con su actividad, pero le falta virtud y paciencia para ser un apoyo, darle fuerzas y ánimo. Prefiere cambiarlo hablándole a sus defectos. La importancia que da a las cosas, a la casa, al orden y como educa a las niñas retándolas siempre, no ve que para los demás no tiene la misma importancia. Ellos prefieren gozar y vivir. La causa de sus celos es la infidelidad que cometió su esposo, porque ella se sacrificó siempre y vivió fiel y entregada al matrimonio de manera perfecta. Siente que su esposo ha traicionado una vida de sacrificio y trabajo dedicada a él y a su familia. Negarle el lecho es empujarlo a la infidelidad, lo sabe y ya no le importa si se va con otra.

Hay, dentro de todo, algunas reminiscencias de su vida sexual y el aborto antes de casarse. Ella no podrá cambiar, pero si se hubiera casado con otro líder pasional como ella, hubiera sido peor.

Él tampoco podrá cambiar. Él quiere vivir, reconoce sus errores. Cuando promete es sincero, pero mide su sinceridad y buen deseo con las fuerzas del momento presente. Olvida su debilidad sensual. Hay que creerle, pero no esperar que lo cumpla como si fuera un "secundario".

SOLUCIÓN

El egoísmo de él y el perfeccionismo y tendencia al control de ella, son la causa principal de los defectos de su matrimonio. Sus diferencias son en sí un elemento positivo para la concordia y felicidad, pero lo han convertido en su enemigo.

El conocimiento mutuo de los temperamentos, les dará las soluciones para el caos matrimonial que viven, porque se conocerán, se entenderán, se aceptarán, se excusarán y se amarán tal como son.

Si él aprendiera a hablar al corazón de su esposa, recordar que es emotiva, y entender sus emociones, ella le perdonaría todo. Si él dedicara más tiempo a alabar y agradecer el orden y actividad de su mujer, le estaría dando muestras de amor y ella comenzaría a respetar su manera primaria de ser. Lo esencial es que él se dirija a la parte "secundaria" y emotiva de su esposa, y aprecie las manifestaciones de orden, liderazgo del temperamento pasional.

Si ella hiciera el esfuerzo de ver más profundo el carácter y temperamento de su esposo y no quedarse en la superficialidad, entendería que sus promesas, resoluciones e intentos de cambiar son sinceros, pero, en él, son de alcance corto. Sería más paciente con él y vería la forma de sostener su manera de ser primaria, con el natural perseverante y fuerte de ella. El amor resucitaría, porque volverían a ver el uno en el otro, lo que los atrajo y enamoró en un principio.

Caso 4.

La misma familia del caso 3.
La hija mayor (María) Sentimental (**EnAS**).
La hija menor (Marta) Flemática (**nEAS**)

La situación entre las niñas. Las dos son de resonancia secundaria. María es emocional y no activa y Marta no-emocional, activa. María, la mayor, tiende a proteger a la menor, se sacrifica por ella, pero en el fondo le tiene envidia porque siendo menor tiene muchos amigos, es popular en el colegio, es la responsable de varias actividades juveniles y cree que la prefiere su papá. Le molesta la manera brusca de Marta, y se lo hace saber.

Marta no soporta a su hermana, es como tener dos mamás. Constantemente se ofenden y hieren, por ser las dos "secundarias" pasan días sin hablarse.

La mamá coopera en la división entre las dos por corregirlas rebajando mucho la autoestima de sus hijas. A María le reclama no rendir todo lo que puede. Siendo las dos, mamá e hija, emotivas y de resonancia secundaria se hieren mucho. A Marta la identifica con el papá y quiere controlarla de igual forma, pero al ser Marta no emotiva resulta más estable que la mamá y más lógica que el papá. Ambas, mamá y Martita, son activas y secundarias por eso están en constantes pleitos que gana la hija. La mamá se desquita en las hijas por las frustraciones con su esposo.

El papá distancia de sí a María, los chistes vulgares y el trato infantil y jovial del papá le disgustan a la hija que es más madura de temperamento. Ella, por su parte, prefiere evitarlo. Lo quisiera más maduro y profundo. El papá lo nota, de repente se vuelve cariñoso y respetuoso con ella, pero no persevera y fácilmente vuelve a lo que molesta a su hija.

Marta y el papá se entienden mejor, juntos hacen varias cosas, ella habla mucho y al papá le gusta escucharla. Se siente orgulloso de ella, porque su hija es tenaz y tiene la perseverancia que él quisiera para sí mismo. La consiente y le tiene confianza y eso irrita a la mamá.

SOLUCIÓN

El conocimiento de los temperamentos ayudaría, para que Marta comprendiera que su hermana mayor no pretende molestarla, sino, porque la quiere, le preocupa y quiere ayudarla. María entendería que para su hermana menor es una necesidad la actividad, los amigos y la popularidad y así dejaría de envidiarla. Buscarían apoyarse y respetarse.

Comparten la misma habitación y podrían armonizarse aprovechando que las dos por ser de resonancia secundaria, son ordenadas, perseverantes, metódicas, etc.

El papá se daría cuenta que es el único hombre, además primario, en una casa de mujeres de resonancia secundaria. Sabría sacar provecho de una familia con ese don y aprendería a apreciarlas en sus diferencias.

La mamá sabría organizarse incluyendo a sus hijas, para apoyar el temperamento del papá; y delegar a sus hijas responsabilidades de la casa que harían hasta mejor que ella por ser jóvenes de temperamento secundario rico.

NOTA FINAL

Mi intención al escribir este libro que no es original, sino un compendio, en la presentación de los temperamentos, pero sí muy enriquecido con años de trabajo pastoral con matrimonios, dirección espiritual y ascética, fue cooperar principalmente con los esposos y la familia.

Al ser la familia el núcleo de la sociedad y corazón de la Iglesia; dónde hay una familia unida, conviviendo armónicamente y en caridad, las relaciones humanas en el trabajo o la escuela resultaran más ricas y llevaderas.

Te recomiendo, querido lector, que tengas a la mano "El tesoro escondido, Descúbrelo en tu temperamento", para que lo vayas consultando según se te van presentando situaciones en el trato con los demás, principalmente en la familia. No te olvides que aunque conocieras a la perfección al ser humano y a ti mismo, sin la oración, la gracia y nuestros principios de fe, muy poco lograríamos en la mutua compresión y caridad.

- P. Lorenzo Gómez Sotres, L.C.